INHALT

Impressum
ISBN 978-3-949582-09-7
Lektorat: Antonia Meiners
Illustrationen: Anne Schmidt
Covergestaltung, Layout und Satz: Schimmelpenninck.Gestaltung, Berlin
Herstellung und Lithografie: Jan Russok, RR Creative Service
Druck und Bindung: ForPress, Nitra
Besuchen Sie uns im Internet unter www.esverlag.de

Bildnachweis:
3, 16: Scherl/Süddeutsche Zeitung Photo; 8: ullstein bild; 28: ullstein bild/Fotograf: Filip Kester; 41: © Renate von Gebhardt; 46: Simplicissimus/Eduard Thöny 6.2.1911; 52 u: Museum/Sparkasse Fürstenfeldbruck; 52 o, 108: Elisabeth Sandmann Verlag; 56: Erich Mühsam Gesellschaft; 64: Gemälde Friedrich August von Kaulbach; 78, 82, 83, 89, 93, 97, 101, 104: Luitpoldblock; 108: picture-alliance / akg-images; 126: stefan moses/Elisabeth Sandmann Verlag; 144: Simplicissimus/Eduard Thöny 25.6.1923; 154: Pictura Paedagogica, Universität Hildesheim; 160: ullstein bild/Atelier Jacobi

VORWORT

Wer aus der Distanz von weit über hundert Jahren auf die Anfänge der Frauenbewegung zurückblickt, dem stechen zuerst die Protagonistinnen der vordersten Front ins Auge, die sich unerschrocken für gleiche Rechte, gleiche Bildung und gleiche berufliche Möglichkeiten einsetzten. Auch in Bayern – in dieser Hinsicht im Vergleich zu anderen deutschen Landesteilen ein Spätzünder – war es eine solche »Frontfrau«, die den Stein ins Rollen brachte: Anita Augspurg, die 1886 mit ihrer Gefährtin Sophia Goudstikker nach München zog und in ihrem berühmten Fotoatelier Elvira so etwas wie eine Freistaat-weite Keimzelle schuf. Diese beschränkte sich jedoch nicht auf das Ringen um mehr Frauenrechte, sondern strahlte in viele andere Bereiche aus – beispielsweise Kunst, Literatur und Design.

Dass sich ab 1900 tatsächlich auch ein Wandel hinsichtlich der Stellung der Frau abzeichnete, ist aber nicht nur solchen Vorkämpferinnen zu verdanken, sondern auch anderen mutigen Frauen, die es wagten, unabhängig zu leben und selbstbewusst berufliche Chancen zu ergreifen, sich dabei nicht klein reden ließen und gegen alle Widrigkeiten »ihren Mann standen«. Das vorliegende Buch stellt, neben den bekennenden Frauenrechtlerinnen, auch diese Frauen vor: Schriftstellerinnen und bildende Künstlerinnen, Schauspielerinnen und Wissenschaftlerinnen, Modedesignerinnen und gewiefte Gastronominnen. Ein gesondertes Kapitel ist den Frauen gewidmet, die im Luitpoldblock wirkten – ab etwa 1895 einer der dezidierten Schauplätze der Frauenbewegung in München.

Die Beschäftigung mit den 29 hier ausgewählten Frauenschicksalen ist nicht nur aus historischer oder biografischer Perspektive lohnend. Die Forderungen, die Frauen stellten, die Vorurteile und Hürden, die sie überwinden mussten, die Betrachtungen, die sie über ihre Situation niederschrieben, sind auch für das Frauenbild von heute aufschlussreich – sowohl für jenes, das im gesellschaftlichen Konsens verankert ist, wie auch das private im Spannungsfeld zwischen Beruf und Familie.

Der Anspruch auf gleiche Bezahlung, bereits in den frühesten Thesen der Frauenaktivistinnen verankert, ist bis heute Illusion. Das immer noch bestehende Missverhältnis trägt dazu bei, dass – von der Gesellschaft erwartet und begünstigt durch das deutsche Steuersystem –, es meist die Frauen sind, die beruflich kürzertreten, sobald es Kinder zu betreuen gilt, und damit auch dauerhaft den Verlust von Karrierechancen hinnehmen. Oft sind es aber gar nicht nur äußere Einflüsse, die Frauen dann ins zweite Glied zurücktreten lassen, sondern auch das Bedürfnis, die eigenen Lieben zu umsorgen und für sie in allen Lebenslagen da zu sein. Den Ausweg aus diesem Zwiespalt zwischen Liebe und beruflicher Erfüllung müssen auch noch Frauen des 21. Jahrhunderts immer wieder neu suchen. Wie gut tut es da, bei Carry Brachvogel in Texten aus den 1910er-Jahren exakt diese Zerrissenheit aufgeschlüsselt zu finden, samt biedermeierlicher Vorbildfiguren, die ein nicht erreichbares Idealbild in die Köpfe pflanzten: »Das ganze Wesen der Frau durfte nur aus einer Quelle fließen, aus der Liebe«, schreibt Brachvogel. »Dualismus ihrer Seele bedeutete nicht etwa Reichtum, sondern Zwiespalt, denn niemals konnten sich, so schien es den Dichtern, in der Frauenseele mehrere Quellen zu einem Strom verbinden, der ein Frauenbild widerspiegelte, das zugleich ganz Liebe und ganz Selbstbewusstsein, ganz Hingebung und ganz Eigenwille war.«

Betrachtet man die Anstrengungen der raren Parlamentarierinnen in der Weimarer Republik, denen es gelang, heikle soziale Themen aufzugreifen und auch einen weiblichen Politikstil zu prägen, kann man kaum anders, als eine gewisse Wut angesichts der Tatsache zu entwickeln, dass über 100 Jahre nach Einführung des Frauenwahlrechts, und nach 16 Jahren einer weiblich geführten Bundesregierung im 20. Deutschen Bundestag gerade einmal knapp 35 Prozent der Abgeordneten Frauen sind.

Antworten lassen sich, jenseits weiterhin gepflegter Geschlechter-Stereotypen, auch diesmal in 120 Jahre alten Schriften finden – beispielsweise in einem Vortrag, gehalten auf dem Ersten Allgemeinen Bayerischen Frauentag. Darin werden Punkte angesprochen, in denen sich Frauen bis heute manchmal selbst im Weg stünden: Sie müssten zum einen lernen, mit Männern wirklich auf Augenhöhe zu agieren, und zum anderen, Persönliches und Sachliches zu trennen. Und Frauen müssten sich darüber im Klaren sein, dass es Generationen dauern werde, bis sich gesellschaftliche und berufliche Verhältnisse wirklich geändert hätten.

Insofern formulieren die Lebensgeschichten der 29 Frauen auch eine Verpflichtung: Den Weg fortzusetzen, den sie begonnen haben, sich von Rückschlägen nicht entmutigen zu lassen, und im Bemühen um die Gleichstellung von Mann und Frau nicht nachzulassen. Dann, und nur dann, werden unsere Enkelinnen wirklich ganz selbstverständlich Kinder und Karriere vereinen können – und Vorstandsetagen, Länderparlamente und der Bundestag ohne großes Gewese zu 50 Prozent weiblich besetzt sein.

FRAUEN-RECHTLERINNEN

Als »Zeit unruhigen Gärens und heftigen Überschäumens« beschreibt der Schriftsteller Ernst von Wolzogen die Stimmung unter den Münchner Künstlerinnen, Literatinnen und Avantgardistinnen in den 1890er-Jahren. Die gängigen Vorstellungen eines beschränkten Daseins als höhere Tochter, Ehefrau oder niedrigst entlohnte Dienstmagd geraten bei den Frauen zusehends ins Wanken. Der Gedanke, selbst Bildung, Beruf, finanzielle und rechtliche Unabhängigkeit erlangen zu können, bahnt sich nun auch an der Isar seinen Weg. Und die Ausprägung, die die Frauenbewegung in München entwickelt, wird durch ihre Verquickung mit der künstlerischen und literarischen Avantgarde so schillernd wie nirgendwo sonst.

Die Idee von der Gleichheit von Mann und Frau ist zu diesem Zeitpunkt bereits hundert Jahre alt; schon während der Französischen Revolution war sie von der couragierten Olympe de Gouges artikuliert worden. Doch während sich in Frankreich und England mutige Frauen seitdem immer wieder für die Gleichstellung von Männern und Frauen engagieren, wird in Deutschland jegliche emanzipatorische Bewegung ab 1815 im Keim erstickt: Der Sieg über Napoleon führt in den Ländern des deutschen Staatenbunds zu einem zuvor nicht gekannten, von Männerfiguren geprägten Nationalgefühl, und zum nach Innen gerichteten, kaum revolutionären Zeitgeist des Biedermeier. Beide Haltungen lassen sich mit dem Bild einer selbstbewussten, öffentlich engagierten Frau nicht vereinbaren. Der starke, tatkräftige und wohlhabende Mann, so die Idealvorstellung, schart die Seinen als Familienoberhaupt um sich, die Frau sorgt für Harmonie, Ordnung und ein ansprechendes, ordentliches Heim.

Im Zuge der Märzrevolution 1848/1849 versucht die sächsische Schriftstellerin Louise Otto-Peters, die als Gründerin der deutschen Frauenbewegung gilt, mit einer eigenen »Frauen-Zeitung« für Frauenrechte zu werben. Louise Otto (erst nach ihrer Heirat 1858 ergänzt sie ihren Namen mit dem ihres Mannes) hat sich zuvor bereits in sozialkritischen Schriften mit der katastrophalen Situation beispielsweise von Arbeiterfrauen auseinandergesetzt. Mit ihrer in Leipzig erscheinenden Zeitung will sie ein Bewusstsein dafür schaffen, welcher ökonomischen Gefahr Frauen durch ihre passive, ausschließlich auf heimische Tätigkeiten fokussierte Rolle ausgesetzt sind. Versterben Eltern oder Ehemann, ohne ein umfängliches Erbe zu hinterlassen, haben Frauen kaum Perspektiven, selbst für ihren Lebensunterhalt sorgen zu können. Proletarierinnen können zwar Arbeit in den im Zuge der Industrialisierung entstehenden Fabriken finden, verdienen dort aber nur einen Bruchteil des Lohns, den ein Mann bekommt. Bürgerlichen bleibt außer einer

Tätigkeit als Gouvernante oder Erzieherin nur verstohlene, textile Heimarbeit, um selbst Geld zu verdienen.

Forderungen, wie sie bereits in diesen frühen Artikeln der »Frauen-Zeitung« formuliert werden, stehen in den kommenden 70 Jahren und weit darüber hinaus im Zentrum der Frauenbewegung: Frauen sollen einen richtigen Beruf ergreifen und damit auch eine eigene Existenz gründen können, um nicht auf die Ehe als »Versorgungsanstalt« angewiesen zu sein. Sie sollen eine angemessene Bildung erhalten, um sich für eine breitere Palette an Berufen qualifizieren zu können – die meisten Frauen besuchen lediglich die Volksschule, spätestens mit Erreichen des Konfirmations-/ Firmungsalters ist auch die Schullaufbahn privilegierterer Mädchen auf jeden Fall beendet. Und Frauen sollen ein Recht auf Mündigkeit und Selbstständigkeit im Staatsgefüge bekommen, das sie aber nicht nur »fordern«, sondern sich durch ein eigenständigeres und damit eigenverantwortlicheres Auftreten in der Gesellschaft auch verdienen wollen. Dem sächsischen Staat ist derlei aufwieglerisches Gedankengut suspekt: Er erlässt 1850 ein Pressegesetz, die »Lex Otto«, das Frauen die Herausgabe und Mitredaktion von Zeitungen untersagt. Louise Otto versucht, noch von anderen, liberaleren Standorten aus mit ihrer »Frauen-Zeitung« Frauen weiterhin ein Podium zu bieten, muss das Blatt aber 1853 endgültig einstellen.

Auch zusammenkommen und gemeinsam die Frage ihrer Rechte diskutieren, dürfen Frauen nicht: Ab 1850 verbietet das Vereins- und Versammlungsrecht in Sachsen, Preußen und Bayern »Frauenspersonen, Schülern und Lehrlingen« jegliche Teilnahme an politischen Versammlungen oder gar die Gründung eines politisch ambitionierten Vereins.

In bereits industriell geprägten Regionen Deutschlands lassen sich die emanzipatorischen Ideen jedoch nicht mehr unterdrücken – im Gegensatz zu den ländlichen und großenteils katholisch geprägten Gebieten weiter im Süden, wo derlei Gedankengut den Frauen fremd blieb – selbst in einer so fortschrittlich, liberal und intellektuell geprägten Stadt wie München. Noch Mitte der 1860er-Jahre sind es dort eher die Männer, die sich um Frauenfragen Gedanken machen als die Frauen selbst. So berichtet die Schriftstellerin Rosalie Braun-Artaria, damals eine zentrale Figur der Münchner Gesellschaft, 1918 rückblickend von einer Episode, die sich 1864 im Salon des Dichters Paul Heyse zugetragen hat – nur ein Jahr, bevor Louise Otto-Peters in Leipzig einen Allgemeinen Deutschen Frauenverein gründet: Heyse selbst schneidet nicht nur das Thema Frauenemanzipation an, er plädiert auch für eine vom Mann unabhängige, in gehobenen Berufen und sogar in akademischen Fächern tätige Frau, beklagt aber gleichzeitig den geringen Bildungsstand und die eingeschränkte Denkfähigkeit der Frauen aus seinem Umkreis – was anwesende Damen, wie Braun-Artaria berichtet, entsprechend brüskiert. »Was gleichzeitig schon Luise Otto und die ersten Pioniere der Frauenbewegung erstrebten, lag dem Bewusstsein süddeutscher Normalfrauen gänzlich fern. Wir lachten über einzelne exaltierte, gewöhnlich alte und hässliche Frauenzimmer, die gelegentlich vom Norden hereinfuhren und in Gasthöfen schlecht besuchte Vorträge über die Frauenfrage hielten und waren im Übrigen sowohl mit unserem Los und seinem Maß an jeder wünschenswerten Freiheit im Allgemeinen zufrieden wie mit unserer Denkfreiheit im Besonderen, die uns nicht nur verstehen ließ, was kluge Männer meinen, sondern auch erlaubte, ihnen beim Sonntagskaffee ganz kräftigen Widerpart im Gespräch zu halten. Wir lasen mit Leidenschaft alles Gedruckte, schrieben, ohne deutsche Grammatik erlernt zu haben, einen leidlichen Briefstil – welche Empörung also, wenn wir nun zu hören bekamen, dass die ganze Frauenbildung bis jetzt das Denken nicht lehre, also gründlich umzugestalten sei!«

Kühne Avantgardistinnen

Im Laufe der 1870er- und 1880er-Jahre gründen sich in München zwar diverse Arbeiterinnen- und Frauen-Bildungs-Vereine, wirklich ins Rollen aber kommt der Stein in Bayern erst, als die Schauspielerin Anita Augspurg (siehe S. 14) und die erst 21-jährige Sophia Goudstikker 1886 gemeinsam nach München ziehen, um sich in dem noch jungen Handwerk der Studiofotografie ausbilden zu lassen und dann ein eigenes Atelier zu eröffnen. Das Tätigkeitsfeld ist klug gewählt. Seit den 1860er-Jahren boomt dieser Geschäftszweig in München, zudem bietet das innovative Medium gerade für Frauen eine ideale Möglichkeit zur künstlerisch geprägten Betätigung. Sie können sich im Rahmen einer nicht an die Regularien uralter Handwerkszweige gebundenen Lehre das nötige technische Wissen aneignen; eine für Frauen nicht zugängliche akademische Bildung benötigen sie dafür nicht. Die auch weiblichen Fotografen zugestandene Gewerbefreiheit macht die Fotografie zu einem der wenigen für Frauen zugänglichen Berufszweige überhaupt.

Nichtsdestotrotz stoßen Augspurg und Goudstikker zunächst auf Ablehnung, als sie 1887 ihr Fotostudio Elvira eröffnen. Zwei Frauen, die nicht nur fern ihrer Familien zusammenleben, sondern auch noch einen eigenen Betrieb aufbauen und wirtschaftlich unabhängig sind – das ist selbst für die liberale Münchner Gesinnung des Anrüchigen zu viel. Doch der Geschäftssinn und unermüdliche Fleiß von Sophia Goudstikker und Augspurgs Kontakte zu kulturellen und gesellschaftlichen Eliten sowie ihr Wissen um die Kunstkniffe bildlicher Inszenierung machen das Atelier bald zu einer überaus gesuchten Adresse bei Adel, Großbürgertum, Schauspielern und Künstlern – und zu einem Dreh- und Angelpunkt der künstlerischen und gesellschaftlichen Avantgarde Münchens. Zehn Jahre später manifestiert sich dieser revolutionäre Geist auch weithin sichtbar: Der Architekt August Endell baut für die beiden Frauen das heute noch berühmte Atelierhaus in der Von-der-Tann-Straße (es wurde im Zweiten Weltkrieg zerstört). Das drachenartige Ornament an der Fassade ist dabei nur der Auftakt für ein kühnes, ganz in der bewegten Ästhetik des Jugendstils gestalteten Gesamtkunstwerks, wie es in München kein zweites mehr geben sollte.

Nicht weniger kühn ist die Geisteshaltung der Auftraggeberinnen: Bereits 1889 treten Augspurg und Goudstikker dem in Weimar gegründeten Frauenverein Reform bei, einem der radikalsten Zusammenschlüsse dieser Zeit, der sich eine verbesserte Bildung für Mädchen sowie die Öffnung sämtlicher Bildungseinrichtungen und Berufe für Frauen zum Ziel gesetzt hat. Erste Veranstaltungen zu Frauenrechten werden nun auch in München organisiert, immer allerdings unter dem Deckmantel des Unpolitischen, um den Argwohn der Polizei nicht zu wecken. Auch als Augspurg und Goudstikker mit Gleichgesinnten, Literaten, Künstlern und Gelehrten 1894 einen Verein gründen, nennen sie ihn sicherheitshalber Gesellschaft zur Förderung geistiger Interessen der Frau. Der Name mag harmlos klingen, doch hat die Vereinigung klare bildungspolitische Ziele: ein Gymnasium für Mädchen, die Zulassung von Frauen an den Universitäten, mannigfaltige berufliche Perspektiven. Zunächst einmal aber wollen sie vor allem möglichst viele Münchner*innen aus allen Schichten für die Ideen der Frauenbewegung begeistern.

Münchnerinnen organisieren sich

Zwei Jahre später, eine Lockerung des Vereinsrechts macht es möglich, kann sich die Gesellschaft bereits offiziell als Verein für geistige Interessen der Frau registrieren sowie 1899 jegliches verschleiernde Beiwerk fallen lassen und sich Verein für Fraueninteressen nennen.

Die Bilanz nach vier Jahren Vereinstätigkeit allerdings fällt Anfang 1899 eher ernüchternd aus. »Noch immer bietet die Frauenbewegung das Bild einer Armee, von der der Generalstab mit einigen wenigen Regimentern allein in einen großen Krieg hinausgezogen ist; das Gros fehlt vollständig!«, heißt es im Bericht der Generalversammlung. Es mangelt an Solidarität und am Interesse gerade der gebildeteren Schichten, und die Versuche, die Ideen der Frauenbewegung auch hinaus aufs Land und in die Provinzstädte zu tragen, sind kläglich gescheitert. Eine mehrtägige Großveranstaltung, die für den Oktober 1899 geplant wird, soll für Abhilfe sorgen: der Erste Allgemeine Bayerische Frauentag (s. auch S. 84) – mit einschlägigen Vorträgen, aber auch mit einem Festspiel oder einer Lesung mit Texten moderner Lyrikerinnen.

Tatsächlich bringt der Frauentag die Wende: Das umfassende Presse-Echo trägt dazu bei, dass Frauenprobleme auf einer wesentlich breiteren Ebene wahrgenommen werden und sich eine Vielzahl von Frauen von den behandelten Themen angesprochen fühlt. In München selbst folgt die Gründung einer Fülle von Frauenvereinen für spezifische Anliegen und Berufsgruppen. Und im restlichen Bayern kann die Frauenbewegung dank des begeisterten Auftretens der vom Frauentag zurückkehrenden Teilnehmerinnen ebenfalls Fuß fassen.

In München selbst allerdings zeichnet sich eine Spaltung ab: Anita Augspurg zieht sich aus dem Verein für Fraueninteressen zurück, um trotz aller Verbote einer politischen Betätigung für das Frauenwahlrecht zu kämpfen. Der gemäßigtere Verein für Fraueninteressen um Sophia Goudstikker und deren neue Partnerin Ika Freudenberg dagegen hält ein »›zielbewussteres‹, also radikales und rücksichtsloses Vorgehen (…) in unseren bayerischen Verhältnissen« für den »sicheren Weg zum Misserfolg«. Deshalb widmet sich der Verein lieber – mit deutlich erkennbaren Erfolgen – der Förderung von Frauenbildung und Berufstätigkeit, aber auch der tatkräftigen Unterstützung von Frauen in allen rechtlichen Belangen.

Nach der Jahrhundertwende fallen dann die Hürden zur Gleichstellung der Frau Schritt für Schritt: 1903 werden die bayerischen Universitäten für Frauen geöffnet, ab 1912 gibt es in München ein städtisches Mädchengymnasium. Und die revolutionären Umwälzungen nach Ende des Ersten Weltkriegs bringen auch das Wahlrecht für Frauen mit sich. Dass der Prozess, den die Frauenbewegung damals in Gang gesetzt hat, auch hundert Jahre später noch nicht vollkommen abgeschlossen sein würde, können die unerschütterlichen Streiterinnen dieser Zeit nicht ahnen.

ANITA AUGSPURG 1857–1943

Sechsundachtzig Jahre sind eine beachtliche Lebensspanne. Doch für das, was Anita Augspurg in jenen Jahren alles bewegte, würde man einen solchen Zeitraum kaum für ausreichend halten.

Gerade volljährig geworden, verlässt sie ihr Elternhaus in der niedersächsischen Kleinstadt Verden und geht nach Berlin. Sie beschließt, nicht – wie für eine junge Frau ihres Standes üblich – auf einen Ehemann zu warten, sondern sich als Lehrerin und Turnlehrerin ausbilden zu lassen. Das erfordert mehr Mut, als ihn die meisten ihrer Zeitgenossinnen Ende der 1870er-Jahre aufbringen können. Allerdings ermöglicht ihr eine großzügige Hinterlassenschaft ihrer Großmutter auch ein Maß an ökonomischer Unabhängigkeit, das nicht allzu vielen beschert war.

Parallel zur Lehrerinnenausbildung nimmt Anita Augspurg Schauspielunterricht, bemüht sich dann auch um Engagements – und steht auf so renommierten Bühnen wie dem Meininger Hoftheater, damals ein bekanntes avantgardistisches Theater. Doch auch dies genügt der lebenshungrigen, wissensdurstigen und energischen Anita Augspurg nicht. Als sie in der Kunstschule, die ihre Schwester in Dresden betreibt, die 21-jährige Sophia Goudstikker kennenlernt, entscheiden beide Frauen, nach München zu ziehen, um sich dort ein gemeinsames, selbstbestimmtes Leben aufzubauen. Die Hauptstadt Bayerns gilt – auch dank der Bemühungen Maximilians II., Künstler, Intellektuelle und Wissenschaftler nach München zu holen –, als liberalste Stadt im deutschen Reich. Und liberaler Geist ist genau das, was die beiden Frauen suchen: Sie wollen sich zu Fotografinnen ausbilden lassen und eigenständig ihren Lebensunterhalt verdienen, sich keinem Ehemann unterwerfen, Rad fahren, die Haare kurz schneiden, Kleider ohne Korsett tragen – und andere Frauen inspirieren und darin unterstützen, es ihnen gleich zu tun.

1887 eröffnen sie ihr Fotoatelier Elvira, das die geschäftstüchtige Sophia Goudstikker rasch zum Florieren bringt, 1889 schließen sie sich dem radikalen Weimarer Frauenverein Reform an und versuchen, dessen Gedankengut auch in München zu etablieren.

Doch während Sophia Goudstikker in diesen beiden Aufgaben aufgeht und sogar erwirken kann, dass das Fotostudio ab 1893 die Bezeichnung »Hofatelier« führen darf, setzt sich Anita Augspurg wieder einmal neue Ziele. Um sich das Rüstzeug für den Kampf um Frauenrechte anzueignen, geht sie 1893 nach Zürich und beginnt dort Jura zu studieren; in Deutschland ist ein Universitätsstudium für Frauen zu dieser Zeit noch ausgeschlossen. 1897 kehrt sie zurück – als erste deutsche Frau, die in Jura promoviert hat.

Fundiertes Wissen in Sachen Jurisprudenz ist bitter nötig: Seit 1895 wird über die letzten Entwürfe des Bürgerlichen Gesetzbuchs (BGB) beraten, und die enthalten aus weiblicher Perspektive untragbare Bestimmungen: Zwar gilt danach eine volljährige Frau als mündig, kann über Wohnort und Beruf entscheiden, Verträge abschließen und Geldgeschäfte abwickeln. Sobald sie aber heiratet, verliert sie alle diese Rechte wieder. Nun darf ihr Ehemann ihre Anstellung kündigen, einen Umzug beschließen und sogar das Vermögen seiner Frau ausgeben, ohne dazu ihr Einverständnis einholen zu müssen. »Es gilt der Rechtssatz, ein gesetzlich erworbener Status kann nicht wieder verlorengehen außer durch Gebrechen oder Verschulden – und obwohl die Ehe kein Gebrechen ist und kein Verschulden, so wird die Frau mit ihrer Eingehung vom Stande der Handlungsfähigkeit in den der Nichthandlungsfähigkeit zurückgestoßen«, argumentiert Augspurg in einer Protestnote. Auch die im Gesetz festgeschriebene Verpflichtung zu Hausarbeit und Haushaltsführung ist den Frauenverbänden ein Dorn im Auge. Sie laufen gegen die geplanten gesetzlichen Bestimmungen nicht nur mit fachlichen Beschwerden Sturm, sondern auch mit einem Aufruf zum Eheboykott. Doch alle Bemühungen helfen nichts: 1900 tritt das BGB in Kraft, inklusive aller die Ehefrauen entrechtenden Paragrafen. Erst 1977 (!) können sich die Gesetzgeber – nach einer Zwischenstufe in den 1950er-Jahren – dazu durchringen, die Haushaltsführung auf die Schultern beider Ehegatten zu verteilen.

Gemeinsam für das Frauenwahlrecht

Trotz ihres erfolgreichen Studienabschlusses sind die späten 1890er-Jahre für Anita Augspurg keine einfache Zeit. Zur Niederlage in der juristischen Auseinandersetzung zum BGB kommen weitere wichtige Entscheidungen für ihren künftigen Lebensweg. Sie trennt sich von Sophia Goudstikker und lässt nicht nur das Fotoatelier Elvira hinter sich, sondern auch den von ihr mitbegründeten Verein für Fraueninteressen, der eine gemäßigte Linie der Frauenbewegung vertritt. Stattdessen engagiert sie sich nun in dessen radikalem Flügel und im Kampf für das Frauenwahlrecht. Unablässig hält sie Vorträge und besucht große Veranstaltungen, so auch den Internationalen Kongress für Frauenwerke und Frauenbestrebungen im September 1896 in Berlin. Er inspiriert sie nicht nur für ihren

a Anita Augspurg und Lida Gustava Heymann, die führenden Stimmen der Frauenbewegung, 1916

b Anita Augspurg in ihrer Münchner Wohnung, 1899

weiteren Kampf für Frauenrechte, sondern beschert ihr auch die Begegnung mit der Liebe ihres Lebens, der elf Jahre jüngeren Lida Gustava Heymann.

Auch Heymann hat zu diesem Zeitpunkt längst alle Konventionen gesprengt. Als Tochter eines Hamburger Großkaufmanns absolviert sie den üblichen Bildungsweg ihrer Zeit – Privatunterricht, höhere Töchterschule, schließlich Mädchenpensionat – und kehrt anschließend nach Hause zurück. Nicht aber, um auf einen Ehemann zu warten, sondern um sich ein freies Leben zu erarbeiten. Zunächst unterrichtet sie in einer Armenschule, unterstützt auch die Mütter ihrer Schüler*innen und gründet eine private Nähschule. Als ihr Vater 1896 stirbt, wird sie dank einer großzügigen Leibrente finanziell auf lange Sicht unabhängig. Diese Möglichkeiten nutzt sie, um Frauen aus einfachen Schichten zu unterstützen und deren Lebenssituationen zu verbessern. So organisiert sie einen Mittagstisch für Verkäuferinnen und deren Kinder und gehört 1896 zu den Gründerinnen der Hamburger Ortsgruppe des Allgemeinen Deutschen Frauenvereins. Als solche reist sie auch zum Frauenkongress nach Berlin, auf dem sie Anita Augspurg begegnet.

Obwohl beide Frauen spätestens seit 1898 eine Liebesbeziehung verbindet, geht zunächst noch jede ihren eigenen Projekten nach. Lida Gustava Heymann kehrt nach Hamburg zurück und eröffnet dort ein Zentrum für Frauen und Kinder mit Mittagstisch, Hort und einer Badeanstalt. Durch ihre Arbeit in der dazu gehörenden Beratungsstelle verändert und schärft sich noch einmal ihr Blick auf die Situation von Frauen, vor allem auf jene aus den wenig begüterten Milieus. »Nichts (...) hat mir einen besseren Einblick in die Ausbeutung der Frau durch den Mann im Allgemeinen, den Ehemann und Arbeitgeber im Besonderen verschafft wie diese Sprechstunden«, erinnert sie sich später. Sie setzt sich für eine Besserstellung von Prostituierten ein, aber auch generell für die Gleichstellung von Frauen in allen gesellschaftlichen Bereichen. In dieser Zeit gelangt Heymann zu der Überzeugung, dass sich die soziale Situation von Frauen nicht verbessern lässt, solange sie nicht auch die Möglichkeit bekommen, politisch mitzubestimmen. Schon 1899 erklärt sie während eines Vortrags, dass »die radikale Frauenbewegung vor allem das Stimmrecht erreichen muss. Man hat lange genug bescheiden darum gebeten. Jetzt muss man es als Recht fordern.« In der Konsequenz gründen Heymann und Anita Augspurg gemeinsam mit einigen Mitstreiterinnen in Hamburg 1902 den ersten Deutschen Verein für Frauenstimmrecht; 1903 treten sie auch der Hamburger Freisinnigen Volkspartei bei – verlassen sie aber wieder, als diese sich weigert, die Forderung nach dem Frauenstimmrecht in ihr Programm aufzunehmen. Spätestens jetzt wird die Situation für Heymann in ihrer Heimatstadt schwierig, die Behörden wachen mit Argusaugen über ihre politischen und sozialen Aktivitäten. 1904 zieht Lida Gustava Heymann nach München und mit Anita Augspurg zusammen. Von dort aus engagieren sich beide in Spitzenpositionen der internationalen Frauenbewegung, reisen viel, schreiben politisch provokante Artikel – und genießen das freie Leben in der Natur des Isartals.

In Irschenhausen bei Icking bauen sie sich als Sommersitz eine Villa mit großem Obst- und Gemüsegarten, das »Haus Wiesel«. Zwischen 1908 und 1910 versuchen sie sich sogar an einem richtigen Bauernhof bei Peißenberg. Fortwährende Auseinandersetzungen mit den Nachbarn, die das Frauenpaar offen anfeinden, und eine schwere Krankheit Anita Augspurgs lassen sie jedoch ins »Haus Wiesel« zurückkehren.

Ein wechselvolles Leben zu zweit

Die Jahre auf dem Land führen keineswegs zu einer Einschränkung ihres Engagements in der Frauenbewegung – im Gegenteil. Wie viele weitere Mitstreiterinnen, beginnen sie am Vorabend des Ersten Weltkriegs zudem, ihre Stimme für den Frieden zu erheben. Nach Beginn des Kriegs müssen im idyllischen Irschenhausen allerdings auch sie Kriegsdienst verrichten und wie alle anderen Haushaltsvorstände des Dorfs Wache gehen. »Im August 1914, im Zeitalter der Technik, wanderten Anita und ich in unseren kurzen Garten-Arbeitskitteln weit, weit ab vom Kriegsschauplatz mit einer antiken Hellebarde in herrlichem Mondschein durch die Dorfmark und das stille Dorf«, erinnert sich Heymann später an diese kuriose Pflicht. »Hin und wieder tauchte, wohl zur Kontrolle, der Kopf eines Bauern am Fenster auf. Waren wir müde, saßen wir am Wiesenrand (…); in solchen Stunden spürt wohl ein jeder, wie schön die Welt sein könnte, wenn die Männer an Stelle von Gewalt und Dummheit Vernunft, Geist und Menschlichkeit setzen würden.«

Ihr Engagement für den Frieden bringt die beiden Frauen im weiteren Verlauf des Weltkriegs an den Rand der Illegalität: Pazifistische Bestrebungen kommen in den Augen von Obrigkeit und Gesellschaft einem Vaterlandsverrat gleich. Als die Nahrungsmittel knapp zu werden beginnen, bauen sie ein neues Haus, die »Burg Sonnensturm« in Icking, mit vier Hektar Grund, die nach Kräften zur Selbstversorgung genutzt werden.

Und dann geschieht das Wunder: Bei Kriegsende im November 1918 verändert sich die politische wie ökonomische Situation der deutschen Frauen schlagartig. Sie bekommen das Wahlrecht und können, nachdem sie während der Kriegsjahre bereits in einer Vielzahl von Berufen die ins

Feld berufenen Männer ersetzt hatten, auch ihren Lebensunterhalt selbst verdienen, ohne scheel angesehen zu werden.

Doch die beiden altgedienten Kämpferinnen – Augspurg ist 61, Heymann 50 Jahre alt – ahnen, dass es für die Frauenbewegung nach wie vor viel zu tun gibt und definieren sofort neue Ziele: Wichtig sei nun, bei den Frauen ein reflektiertes Bewusstsein für die Vorgänge in Land und Gesellschaft zu schaffen. Zu diesem Zweck gründen sie eine Zeitschrift, »Die Frau im Staat«, die nicht nur für Frauenfragen eintritt, sondern auch unbequeme politische Positionen bezieht und auf Missstände aufmerksam macht. Dass sie sich damit keine Freunde machen, ist absehbar, wird von den Leserinnen aber hoch geschätzt. Dennoch gerät die Zeitschrift in die Mühlen der Inflation; Augspurg und Heymann verkaufen 1923 ihren gesamten Besitz, sogar die »Burg Sonnensturm«, um die »Frau im Staat« am Leben zu erhalten. Alles, was ihnen bleibt, ist ihre kleine Mietwohnung in der Schwabinger Kaulbachstraße.

Neben den finanziellen Problemen droht zudem Gefahr von Rechts: Friedensversammlungen, wie sie Augspurg und Heymann organisieren, sind den aufstrebenden Nationalsozialisten ein Dorn im Auge. Als einer ihrer Schlägertrupps bei einer pazifistischen Veranstaltung im Januar 1923 einige Zuhörer krankenhausreif schlägt, sprechen die beiden unerschrockenen Frauen beim bayerischen Innenminister vor. Ihr Anliegen: den Österreicher Hitler als Anführer dieser Schlägervereinigung aus Bayern ausweisen zu lassen. Dieser Vorstoß erweist sich als fatal. Beim Hitlerputsch im November 1923 stehen Augspurg und Heymann ganz oben auf der Liste der zu liquidierenden Personen. Nur die frühzeitige Zerschlagung des Putsches verhindert ihre Gefangennahme.

Auch 1933 haben sie Glück im Unglück: Während der Machtübernahme Hitlers befinden sich Anita Augspurg und Lida Gustava Heymann auf einer Auslandsreise, von der aus die inzwischen betagten Damen direkt nach Zürich ins Exil gehen. Ihre Münchner Wohnung, die Archive ihrer Zeitschrift – nichts von alledem sehen sie je wieder. Zehn Jahre leben »Anilid«, wie sich die beiden aufgrund ihrer fast symbiotischen Beziehung manchmal nennen, noch in der Schweiz, veröffentlichen Texte, widmen sich trotz aller Schwierigkeiten weiter der Friedensbewegung und nehmen 1937 sogar noch an einem Kongress der Internationalen Frauenliga für Frieden und Freiheit in der Tschechoslowakei teil.

Dann, im August 1943, stirbt Lida Gustava Heymann in Zürich. »Wir ergänzten uns so herrlich, wie wohl selten 2 Menschen«, schreibt Anita Augspurg nach dem Tod der Gefährtin. Sie selbst stirbt nur vier Monate später am 21. Dezember.

CARRY BRACHVOGEL

1864–1942

Auf den ersten Blick erscheint die Biografie der Münchner Schriftstellerin Carry Brachvogel nicht ungewöhnlich für die einer Frauenrechtlerin aus dem bürgerlichen Lager um die Wende zum 20. Jahrhundert. Die Tochter eines jüdischen Kaufmanns heiratet 1887 einen Redakteur der »Münchner Neuesten Nachrichten«, bringt zwei Kinder zur Welt, führt einen gefragten literarischen Salon und wird 1903 Mitglied des Vereins für Fraueninteressen, der sich vor allem für Mädchenbildung und gleichberechtigte Chancen im Berufsleben einsetzt. Als Schriftstellerin feiert sie vor allem mit als »weiblich« geltender Literatur Erfolge und gründet 1913 zusammen mit Gleichgesinnten einen Schriftstellerinnen-Verein, der sich für eine angemessene Bezahlung und Wahrnehmung von Autorinnen einsetzt.

Auf den zweiten Blick aber verbirgt sich hinter diesen Eckdaten eine Frau, die in ihrem Auftreten, aber auch in ihren literarischen und gesellschaftskritischen Texten nicht nur eine völlig neue Geschlechterrolle einnimmt und fordert, sondern auch die Hinderungsgründe für eine wahre Emanzipation der Frau jenseits aller rechtlichen Gegebenheiten bis zum Kern durchdringt.

Über das Privatleben der bis in die 1920er-Jahre hinein überaus prominenten Schriftstellerin ist kaum etwas überliefert. Man kann vermuten, dass ihre Ehe mit einem aus Schlesien stammenden Journalisten aus Liebe geschlossen wurde, denn Wolfgang Brachvogel ist keineswegs vermögend, was für die Verbindung, die eine Tochter aus einem gutsituierten, jüdischen Elternhaus eingeht, eigentlich zwingende Voraussetzung gewesen wäre. Auch ist Carrys Mann, eine weitere Unmöglichkeit für den Ehemann einer höheren jüdischen Tochter, Katholik.

Ein Rat Carry Brachvogels an ihre 1919 unglücklich verlobte Tochter lässt allerdings darauf schließen, dass auf die anfängliche Euphorie bald Ernüchterung folgt: »Eine Ehe ist ein zu schwieriges Ding, als dass man in sie hineingeht, wenn man nicht wenigstens glaubt, dass sie ein Paradies sein kann. Sie ist ja selbst dann in den meisten Fällen keines…«

1888 kommt Brachvogels Tochter Fedora zur Welt, ein Jahr später ihr Sohn Heinz-Udo. Spätestens zu diesem Zeitpunkt scheint die junge Frau, wohl auch auf Wunsch des Ehemannes, vollkommen auf das ihr gesellschaftlich zugedachte Rollenbild der im Haus wirkenden Gattin und Mutter zurückgeworfen gewesen zu sein. Jedenfalls sind trotz ausgeprägter schriftstellerischer Ambitionen keinerlei Publikationen aus diesen Jahren bekannt. 1892 dann der Schicksalsschlag: Wolfgang Brachvogel ertrinkt beim Baden im Tegernsee und lässt seine Frau und die beiden kleinen Kinder ohne ausreichende finanzielle Versorgung zurück. Das ist der Moment, in dem sich Carry Brachvogel von den gesellschaftlichen Normvorstellungen ihrer Zeit löst: Sie sucht nicht etwa einen neuen Ernährer für sich und ihre beiden Kinder, sondern beschließt, sich vollkommen auf die eigenen Beine zu stellen und als Schriftstellerin selbst für sich zu sorgen. Zunächst mit Unterstützung ihrer verwitweten Mutter, dann mit den Einnahmen aus den Veröffentlichungen ihrer Texte gelingt dies mit Bravour. 1895 kann sie im renommierten S. Fischer Verlag ihren ersten Roman »Alltagsmenschen« veröffentlichen; es folgen weitere Romane und Novellen sowie die Gründung eines Salons, in dem sich die literarischen Größen ihrer Zeit die Klinke in die Hand geben und sich Carry Brachvogel als kühle, spitzzüngige Intellektuelle inszeniert. Rainer Maria Rilke widmet dem Geschehen und seiner Gastgeberin ein Gedicht voller überraschender poetischer Bilder, der Schriftsteller Ernst von Wolzogen umschreibt die Stimmung im Salon etwas weniger verklausuliert: »Frau Carry vergewaltigte niemanden, obwohl sie selten einen mit ihrer Bosheit verschonte. Ihr Trick bestand einfach darin, Widerspruch herauszufordern, dann platzten die Geister ganz von selbst aufeinander. (...) Im Salon der Brachvogel langweilte man sich niemals. Und da diese Tatsache sich bald herumgesprochen hatte, so bemühten sich die Leute von Geist und Talent selbst um eine Einführung in diesen Salon, und die kluge Dame hatte nicht erst nötig, ihnen nachzulaufen.«

> »Modern sein heißt für die Frau ein eigenes Gesetz in der Brust tragen, dessen Erfüllung ihr vielleicht nicht banales Glück, gewiss aber das höchste Glück der Erdenkinder gewährt: die Persönlichkeit.«

Ihre emotionaleren Facetten offenbart Carry Brachvogel nur im engsten Freundeskreis: Wichtig ist ihr, diese zwar nicht zu verleugnen, sie aber auch nicht, dem tradierten Frauenbild entsprechend, ins Zentrum ihres Lebens zu stellen. Denn hierin liege, wie die Schriftstellerin sowohl an vielen ihrer Romanfiguren als auch in gesellschaftspolitischen Betrachtungen zeigt, das Hauptproblem, das letztlich so viele Frauen daran hindere, ein wirklich selbstbestimmtes Leben zu führen. Aufgewachsen in einer Gesellschaft, die im Aufgehen in der Liebe und der Fürsorge für Ehemann und Kinder die wahre Erfüllung eines Frauenlebens sieht, und diese Normvorstellung auch in einer Vielfalt an kulturellen Zeugnissen propagiert, sei es selbst für eigenständig denkende und gut ausgebildete Frauen schwierig, sich aus dieser Anspruchshaltung zu lösen. Diese kluge These legt Carry Brachvogel in Texten aus den 1920er-Jahren, als wesentliche Schritte zur Gleichberechtigung von Mann und Frau rein rechtlich bereits vollzogen sind, mehrfach dar. Schon 1912 lässt sie diese Erkenntnis in ihrem Vortrag »Hebbel und die moderne Frau« anklingen, den sie im Verein für Fraueninteressen hält. Anhand klassischer Dramenheldinnen, aber auch von Figuren aus den Theaterstücken Friedrich Hebbels arbeitet sie deren subtile Prägung heraus: »Die Gretchen, Klärchen, Luisen, Kätchen und wie sie noch alle heißen, die verschiedene Namen tragen und doch immer den gleichen Typ darstellen. Liebe erfasste, verzehrte, verbrannte diese Mädchengestalten, dass nichts von ihnen bleibt als immerfort Liebe. (…) Das ganze Wesen der Frau durfte nur aus einer Quelle fließen, aus der Liebe. Dualismus ihrer Seele bedeutete nicht etwa Reichtum, sondern Zwiespalt, denn niemals konnten sich, so schien es den Dichtern, in der Frauenseele mehrere Quellen zu einem Strom verbinden, der ein Frauenbild widerspiegelte, das zugleich ganz Liebe und ganz Selbstbewusstsein, ganz Hingebung und ganz Eigenwille war.«

> »Das Frauenschicksal jenseits der Hochzeitsnacht schien keinen Menschen zu interessieren, ja es schien überhaupt nicht vorhanden.«

Diese innere Zerrissenheit prägt, wie Brachvogel erkennt, auch das Frauenbild der 1920er-Jahre, das zwar einerseits einer eigenständigen, arbeitenden, Sport treibenden und in der Öffentlichkeit agierenden Frau huldigt, deren Berufstätigkeit aber letztendlich doch nur als Übergangsphase zu Ehe und zum Mutterglück versteht. Nicht weniger suspekt als die freiwillig ihre eigenen Interessen zurückstellenden Frauen sind der Autorin allerdings jene extrem Emanzipierten, die sich betont maskulin geben, stark rauchen und Männerkleidung tragen, um ihre Unabhängigkeit zur Schau zu stellen. Für Brachvogel liegt das Ideal in einem Mittelweg, auf dem es gelingt, Eigenständigkeit und Weiblichkeit den eigenen Bedürfnissen entsprechend zu verbinden – ein Ziel, um das Frauen bis heute ringen.

Parallel zu ihrer fortschrittlichen Gesinnung in Frauenfragen ist Carry Brachvogel Patriotin, die Bayern und ihre Heimatstadt glühend liebt und, anders als die Pazifistinnen des radikaleren Flügels der Frauenbewegung, nie Kritik am deutschen Agieren im Ersten Weltkrieg äußert. Während der Kriegsjahre leitet sie eine Nähstube des Vereins für Fraueninteressen und engagiert sich auch sonst, um die Männer im Feld zu unterstützen. Beides – ihr Ruf als Schriftstellerin und ihr vaterlandstreues Auftreten – machen sie in den ersten Nachkriegsjahren zur überaus populären Figur in den literarischen Kreisen Münchens. Als sie 1924 ihren 60. Geburtstag feiert, treffen Glückwünsche aus ganz Deutschland ein; der von ihr mitbegründete Verein Münchner Schriftstellerinnen veranstaltet ihr zu Ehren ein großes Fest, selbst die Stadtoberen gratulieren.

Dann aber wendet sich das Blatt. Obwohl noch nicht zur Staatsraison erhoben, greift das antisemitische Gedankengut der Nationalsozialisten Ende der 1920er-Jahre in München bereits um sich. Zum 65. Geburtstag der Jüdin Carry Brachvogels erscheinen keine offiziellen Gratulanten mehr, und mit der Machtübernahme durch die Nationalsozialisten 1933 muss sie auch den Vorsitz des Schriftstellerinnen-Vereins abgeben; wenig später wird dieser im Zuge der Gleichschaltung ohnehin aufgelöst. Carry Brachvogel wird mit einem Publikationsverbot belegt; Freunde wenden sich ab oder fliehen ins Ausland. Die letzten Jahre in München verbringt die einst gefeierte Salonière gemeinsam mit ihrem Bruder zurückgezogen in einer kleinen Wohnung in Schwabing. Im Juli 1942 wird die fast 80-Jährige nach Theresienstadt deportiert; in dem Konzentrationslager überlebt sie nur wenige Monate und stirbt im November.

Das Veröffentlichungsverbot der Nationalsozialisten, aber auch der Bombenhagel über München, dem private Schriften Carry Brachvogels zum Opfer fallen, führen dazu, dass die einst so berühmte Schriftstellerin nach dem Zweiten Weltkrieg vollkommen in Vergessenheit gerät. Erst seit den 1990er-Jahren wird eine allmähliche Wiederentdeckung eingeläutet; ein Raum in der Münchner Seidl-Villa heißt nach ihr Carry-Brachvogel-Salon. Inzwischen sind auch ein Erzählband und zwei ihrer Romane in Neuauflage erschienen. Sie laden ein, sich mit dem Werk einer Schriftstellerin zu beschäftigen, deren kluges, weitsichtiges Frauenbild bis heute Anstoß zum Nachdenken und zur Selbstreflektion gibt.

HELENE VON FORSTER

1859–1923

Nicht immer bedeutete ein Engagement in Frauenbewegung und Politik zugleich den Bruch mit der Gesellschaft und die Ablehnung des traditionellen Lebensmodells der Ehe. Die Nürnbergerin Helene von Forster verstand, alles miteinander zu vereinen.

Früh werden die schriftstellerische Begabung, aber auch die Aufmerksamkeit, die die Tochter eines Drahtfabrikanten sozialen Fragen entgegenbringt, erkannt und gefördert. Und als sie 1882 den Augenarzt Sigmund von Forster heiratet, unterstützt auch er ihre Interessen und Neigungen; ein Glücksfall, der bei Paaren dieser Zeit nur selten gegeben ist. Ihr Mann bindet sie sogar in die Arbeit seiner privaten Augenklinik ein; mit großer Fürsorge widmet sich die junge Ehefrau den Nöten und Sorgen der Patienten.

Die rege Teilnahme am gesellschaftlichen Leben gibt ihr die Möglichkeit, ihr dichterisches Talent – allerdings in einem für Frauen üblichen Rahmen – unter Beweis zu stellen: Für zahllose Feierlichkeiten und Tagungen schreibt sie Gedichte, Lieder oder Festspiele. Der 1906 erscheinende Prosaband »Stimmungsbilder aus Nürnberg«, in dem Helene von Forster das Alltagsleben einfacher Menschen skizziert und sich der Situation weniger begüteter Schichten widmet, wird zu einer verbreiteten Lektüre.

In ihrem sozialen Engagement wurzelt auch ihr Einsatz für die Frauenbewegung, den sie als Kampf für mehr Rechte und Entfaltungsmöglichkeiten, nie aber gegen die Institution der Ehe versteht. Bei einer 1893 in Nürnberg stattfindenden Frauentagung beteiligt sie sich nicht nur umfassend an den Vorbereitungen, sondern hält auch einen Vortrag über »Die Frau als Gefährtin des Mannes«. In der Folge der rege besuchten Tagung gründet Helene von Forster die erste bürgerliche Frauenvereinigung Bayerns, die Nürnberger Sektion des Vereins

Frauenwohl. Auch als sich ein Jahr später in Berlin der Bund Deutscher Frauenvereine konstituiert, ist Helene von Forster federführend beteiligt und bleibt zehn Jahre lang im Vorstand der Institution.

Das Engagement in ihrer Heimatstadt hält die inzwischen Mutter einer Tochter gewordene Mittdreißigerin ebenfalls auf Trab: Der Verein Frauenwohl ruft zunächst Abendnähkurse für Arbeiterinnen ins Leben und weitet dieses Angebot rasch auf das ganze Spektrum von Handarbeitstechniken und Haushaltsführung aus. Hinzu kommen Sprachkurse in Englisch und Französisch. 1898 eröffnet der Verein ein eigenes Wöchnerinnenheim sowie, auf Betreiben von Helene von Forsters Ehemann, eine öffentliche Lesehalle.

Politik für Nürnbergs Frauen

Keine Frage, dass die engagierte Nürnbergerin auch zum Ersten Allgemeinen Bayerischen Frauentag nach München (siehe S. 84) reist. Vom Schwung und der Begeisterung ihrer Gleichgesinnten ist sie so mitgerissen, dass sie am Ende des Kongresses die Organisation eines weiteren Bayerischen Frauentags in Nürnberg ankündigt. Wie alle ihre Vorhaben setzt sie diese Mammutaufgabe in die Tat um und schreibt für die 1901 abgehaltene Veranstaltung sogar das Festspiel. In den Folgejahren hält sie Vorträge zur Gleichberechtigung der Frau in Beruf und Politik und wird 1908 auch Mitglied der liberalen Fortschrittlichen Volkspartei.

Bei allem Einsatz für Frauenrechte verliert Helene von Forster aber nie aus den Augen, wieviel gerade im Bereich der Wohlfahrt durch gesellschaftlichen Konsens erreichbar ist. 1904 beispielsweise veranstaltet sie mit dem Verein für Frauenwohl ein Wohltätigkeitsfest, dessen Reinerlös von damals beachtlichen 32.000 Mark den Wohlfahrtseinrichtungen des Vereins zugutekommt. Als der Erste Weltkrieg ausbricht, stellt sie ihr Organisationstalent in den Dienst eines Rot-Kreuz-Lazaretts, dem sie sich während der Kriegsjahre bis zur Erschöpfung widmet.

Dass sie 1919, nach Einführung des aktiven und passiven Frauenwahlrechts in Deutschland, für den Nürnberger Stadtrat kandidiert, ist nach ihrem vorhergehenden Engagement nur konsequent. Auch hier gilt ihr Augenmerk ihren »alten« Themen – dem Mädchenschulwesen und der Wohlfahrtspflege –, darüber hinaus aber auch Fragen der Kunst und Wissenschaft.

Als Helene von Forster 1923 unerwartet stirbt, lässt der Verein für Frauenwohl an ihrem Wohnhaus eine Gedenktafel anbringen. Haus und Tafel fallen im Zweiten Weltkrieg dem Bombenhagel zum Opfer. Seit 2001 aber ist eine Nürnberger Grundschule nach Helene von Forster benannt.

KÜNSTLERINNEN

Im Hinblick auf die Bildungsmöglichkeiten von Frauen gerät in den Jahren um 1900 einiges in Bewegung. So öffnet Bayern 1903 die zuvor nur Männern zugänglichen Universitäten, und 1912 wird in München das erste Mädchengymnasium eingerichtet. Was hingegen die Ausbildung junger Frauen im Bereich der bildenden Künste anbelangt, reagiert man noch bis über das Ende des Ersten Weltkriegs hinaus mit unfassbarer Arroganz: »Vor hundert Jahren mussten die jungen Fräuleins nähen und stricken lernen; jetzt tun das die Maschinen; aber die Damen waren damals beschäftigt. Selbstverständlich wollen sie auch jetzt eine Tätigkeit haben und werfen sich deshalb sehr häufig auf die Kunst«, schreibt 1912 etwa Ferdinand von Miller d. J., der von 1900 bis 1919 die Leitung der Münchner Akademie der Bildenden Künste innehat.

Die Argumente, die herangezogen werden, um Frauen fernzuhalten, sind immer die gleichen: die räumliche Enge, die es unmöglich macht, beide Geschlechter im selben Gebäude zu unterrichten; die an Sittenwidrigkeit grenzende Unschicklichkeit, Frauen im Aktzeichnen zu schulen; der Generalverdacht des Dilettantismus, unter dem künstlerisch tätige Frauen ungeachtet der Qualität ihrer Arbeit grundsätzlich stehen. Und schließlich das vernichtende Urteil vermeintlicher Wissenschaftler, Frauen seien für wahres Künstlertum ganz und gar ungeeignet. Noch 1918 billigt das Professorenkollegium der Münchner Akademie Frauen zwar gewisse Fähigkeiten im Hinblick auf Bildnis, Landschaft, Stillleben und Kunstgewerbe zu, »freie Komposition und monumentale Aufgaben jedoch scheinen der Veranlagung der Frau weniger zu entsprechen. Diese Selbstbeschränkung der überwiegenden Mehrheit aller künstlerisch tätigen Frauen hat ihren Grund (...) in einem richtigen Gefühl für die Grenzen der eigenen Begabung.«

Dabei hatte es 100 Jahre zuvor, wenn auch vereinzelt, durchaus Frauen an der Münchner Akademie gegeben: 1813, fünf Jahre nach deren Gründung, wurde beispielsweise die spätere Porträt- und Historienmalerin Marie Ellenrieder zugelassen. Auch die Weimarer Künstlerin Louise Seidler gehörte zu den Auserwählten, denen das Glück einer Aufnahme zuteilwurde – was sie mit spitzer Feder kommentierte:

> »Mehr als Eine meines Geschlechts hat sich in der Isarstadt ausgebildet, und zwar weder zum Schaden der Kunst, noch zum Nachteil der weiblichen Würde.«

Immerhin befanden sich in den Jahren zwischen 1808 und 1839 unter den 2500 Studierenden knapp 50 Studentinnen; danach erst wurden Bewerbungen junger Frauen rigoros abgelehnt. Zum einen geschah dies aus der Sorge heraus, die Ausbildung von vermeintlich minderbegabten weiblichen Künstlerinnen könne zur Herausbildung eines »Künstlerproletariats« beitragen, das sich mangels Aufträge nicht von der Kunst ernähren könne. Zum anderen zweifelte man an der Ernsthaftigkeit der Studentinnen. Der eingangs zitierte Ferdinand von Miller unterstellt Frauen mit künstlerischen Bestrebungen noch 1912: »Wenn auch vielleicht 10 Prozent von ihnen wirklich ein ernstes Streben haben, 90 Prozent ist es doch nur darum zu tun, die Zeit herumzubringen, bis ein glücklicher Gatte kommt, der sie von der Kunst wegholt.«

Diese Süffisanz geht an der Realität jedoch komplett vorbei. Den meisten der bürgerlichen Töchter geht es keineswegs nur um eine sinnvolle Überbrückung der etwa zehn Jahre zwischen dem Ende des für Mädchen üblichen Schulbesuchs und der glücklichen Einfahrt in den Hafen der Ehe. In der zweiten Hälfte des 19. Jahrhunderts herrscht, gerade in den bürgerlichen Kreisen, ein drastischer Frauenüberschuss. Um 1900 ist die zahlenmäßige Differenz zwischen den Geschlechtern so groß, dass statistisch nur vier von zehn höheren Töchtern heiraten können. Die übrigen suchen – mit einer Schulbildung, die allein auf eine spätere Existenz als Ehefrau und Mutter ausgerichtet ist – händeringend einen Broterwerb und bauen dabei notgedrungen auf persönliche Neigungen und Talente. Eine künstlerische Ausbildung aber beschränkt sich für Frauen um die Mitte des 19. Jahrhunderts auf das Abmalen von Stichen, Porzellan- oder Glasmalerei im eigenen Heim.

Eine Kunstschule für Damen

Wer es trotzdem schafft, sich Kenntnisse und Fertigkeiten für ein qualitätvolles künstlerisches Arbeiten anzueignen, sieht sich im Kunstbetrieb mit weiteren Restriktionen konfrontiert: Frauen können sich nicht an Ausstellungen oder öffentlichen Wettbewerben beteiligen oder gar Mitglieder von Künstlervereinigungen werden. Immerhin öffnet sich ihnen etwa ab den 1860er-Jahren wenigstens ein Teilbereich künstlerischer Tätigkeit: Bewegungen wie das britische Arts and Crafts-Movement strahlen auch nach Deutschland und bewirken einen immensen Aufschwung des Kunstgewerbes, dessen Produkte dank teilmaschineller Fertigung für eine breitere Bevölkerungsschicht erschwinglich werden. In diesem Bereich, auf den die hohen Herren der Akademie ohnehin eher herabsehen, gibt es künstlerische und kunstnahe Berufe zuhauf, theoretisch auch für Frauen.

Was jedoch nach wie vor fehlt, ist eine Ausbildung, die Interessentinnen darauf vorbereitet. Acht Frauen bilden deshalb im April 1868 einen Verein zur Gründung einer Kunstschule für Mädchen aus der Notwendigkeit heraus, »unter den jetzigen socialen Verhältnissen den Töchtern der mittleren Stände neue Wege zu einer anständigen, gesicherten Existenz zu schaffen.« Die angestrebte Einrichtung soll ihnen nicht nur die Ausbildung zur »richtigen« Künstlerin ermöglichen, sondern auch zur Zeichenlehrerin, Musterzeichnerin für Fabriken und andere industrielle Unternehmungen sowie zur Gehilfin in fotografischen Ateliers – kurz, zu einem breiten Berufsspektrum aus dem Bereich der angewandten Künste. Nur ein halbes Jahr später wird die Schule eröffnet. Welche Schülerinnen aufgenommen werden, entscheidet ein Ausschuss, das Schulgeld entspricht in etwa den Studiengebühren an der Kunstakademie. Von Anfang an ist das Institut ein großer Erfolg – 1870 zählt es bereits 55 Schülerinnen, darunter 22 aus dem Ausland. Doch obwohl der städtische Magistrat die Institution großzügig unterstützt, bleibt deren Finanzierung problematisch. 1872 wird das Dilemma gelöst, indem sie als »Weibliche Abteilung« an die 1868 gegründete Königliche Kunstgewerbeschule angegliedert wird.

Schwieriger bleibt die Situation für alle, die sich nicht auf die angewandten Künste beschränken, sondern in den Bereichen Malerei und Bildhauerei tätig werden wollen. Sie müssen nicht nur ungleich schwerer um eine auch monetäre Anerkennung ihres Werks ringen, sondern haben zu privaten Kunstschulen, die etwa acht- bis zehnmal mehr kosten als eine Ausbildung an der Kunstgewerbeschule, keinerlei Alternativen. Wieder formieren die Frauen eine Initiative, um hier Abhilfe zu schaffen: 1882 wird der Münchner Künstlerinnen-Verein gegründet. Eines seiner Ziele ist es, möglichst rasch als Pendant zur Akademie der Bildenden Künste eine Damenakademie ins Leben zu rufen. Bereits zwei Jahre später öffnet sie zehn Schülerinnen ihre Pforten, bald werden es mehr. Der Lehrplan ist nach Möglichkeit dem der Akademie für Männer angeglichen – inklusive dem umstrittenen, für die meisten Kunstgattungen aber unerlässlichen Aktzeichnen. Einige zentrale Fächer der Kunstakademie – Architektur etwa, monumentale Malerei und kirchliche Kunst – bleiben indes am Dameninstitut ausgespart; auch das System der Meisterklassen, das die gezielte Arbeit mit einem künstlerischen Vorbild und Lehrer ermöglicht, wird nicht übernommen. Zudem können die meisten Fächer aus finanziellen Gründen in einer geringeren Stundenzahl oder nicht jedes Jahr unterrichtet werden. Dennoch bietet die Damenakademie ein im Vergleich zu diversen privaten Kunstschulen solides Ausbildungsniveau mit einem deutlich systematischer aufgebauten Unterricht. Als Lehrkräfte kann der Künstlerinnenverein etablierte, oft auch der Avantgarde nahestehende Künstler wie Franz Marc oder Leo Putz gewinnen. Während ihres 36-jährigen Bestehens durchlaufen 1750 Schülerinnen aus aller Herren Länder die Damenakademie.

Mit diesem Ausbildungskonzept ist das Angebot des Künstlerinnen-Vereins an angehende und etablierte Künstlerinnen noch lange nicht erschöpft. Der Verein organisiert Ausstellungsmöglichkeiten innerhalb, aber auch jenseits der eigenen Kreise, veranstaltet Wettbewerbe, etabliert 1893 eine Vorschusskasse und 1894 eine Krankenversicherung, um seinen Mitgliedern bei Engpässen unter die Arme zu greifen.

Derlei Aktivitäten gliedern den Verein nicht nur in die ambitionierte Münchner Frauenbewegung ein, sie machen ihn auch zu einer wesentlich moderneren Institution als das Umfeld der immer noch heroischen Malerei-Idealen nacheifernden Kunstakademie. Der Jugendstil-Designer und Bildhauer Hermann Obrist sieht deshalb deutliche Parallelen zwischen Frauenbewegung und Moderne: »Wie die Frauen die Hörigkeit von Eltern, Gatten, Verwandten und Gesellschaft nicht mehr ertragen wollen, sondern allein sich einen Erwerb suchen, ein eignes Leben und kein Echoleben leben wollen, werde daraus, was da wolle, so arbeiten jetzt auch zahlreiche junge Maler seit geraumer Zeit als halbe oder ganze Autodidakten für sich allein. Im Kunstgewerbe und in den dekorativen Künsten wimmelt es von traditions- und anleitungslosen Entwerfern.«

Es dauert noch einige Jahre, bis sich die Akademie der Bildenden Künste 1920 endlich durchringen kann, auch weibliche Studenten aufzunehmen. Doch da haben nicht wenige der in den privaten und vereinsbasierten Schulen ausgebildete Künstlerinnen die Herren Akademiker mit ihren überkommenen Kunstidealen längst überholt.

MARIE HAUSHOFER

1871 – 1940

Ein in mehrfacher Hinsicht charakteristisches Künstlerinnenschicksal für die Zeit um 1900 ist das der Malerin Marie Haushofer, die heute vor allem in Verbindung mit der Münchner Frauenbewegung in Erinnerung geblieben ist.

Zwar ist ihr Vater Max Haushofer Professor für Nationalökonomie und Statistik an der Technischen Universität, doch steht ihre Familie in einer künstlerischen Tradition, und die ist aufs Engste mit der Fraueninsel im Chiemsee verbunden: Maries Großvater, der Landschaftsmaler Maximilian Haushofer, begründete dort in den 1830er-Jahren eine Künstlerkolonie und heiratete die Wirtstochter des Gasthauses Zur Linde.

Maries Kindheit jedoch ist von einer Tragödie überschattet: Als sie zwei und ihr Bruder vier Jahre alt ist, stirbt die Mutter bei der Geburt des dritten Kindes. Der Vater sieht sich gezwungen, zu den Schwiegereltern nach Schwabing zu ziehen; auch seine Mutter zieht mit ein, um bei der Erziehung der drei Kinder zu helfen. Über Marie Haushofers Schulzeit ist nichts bekannt, auch ob und wo sie eine künstlerische Ausbildung absolviert, ist nicht überliefert. Fest steht, dass sie bereits mit 25 Jahren ein eigenes Atelier unterhält. Sie verdient ihr Geld nicht mit »großer« oder avantgardistischer Kunst, aber doch mit Landschaften, Porträts und vor allem mit Kopien altmeisterlicher Gemälde aus der Alten Pinakothek.

Dass sie schon früh in der Frauenbewegung aktiv wird, kommt nicht von ungefähr: Als Mitglied der Nationalliberalen Partei verfasst ihr Vater bereits in den 1880er-Jahren Artikel, in denen er sich angesichts der wachsenden Zahl unverheirateter Bürgerstöchter für die Erwerbstätigkeit der Frau stark macht. Zudem wohnt die Familie nach einem Umzug 1886 nahe der Schriftstellerin Emma Merk, die sich für die Frauenbewegung engagiert. Max Haushofer kennt sie seit seiner Jugend, auch die halbwüchsige Marie

freundet sich mit der 17 Jahre älteren Autorin an; bald unternimmt diese mit Vater und Tochter Bergtouren und Ferienreisen. Auch auf die Fraueninsel, wo die Familie Haushofer seit jeher die Sommermonate verbringt, begleitet Emma Merk sie oft. Dass alle drei schon kurz nach Gründung 1894 in die ambitionierte Gesellschaft zur Förderung der geistigen Interessen der Frau eintreten, ist nur ein logischer Schritt.

Neben den malerischen Talenten entwickelt Marie ihre literarischen Neigungen, die in dieser Zeit entscheidenden Auftrieb erleben. Als bei der Vorbereitung des Ersten Allgemeinen Bayerischen Frauentags entschieden wird, dass ein Festspiel den krönenden Abschluss bilden soll, in dem die Anliegen der Frauenbewegung auf einer anderen Ebene formuliert und zugespitzt werden sollen, ist es Marie Haushofer, die es verfasst: In zwölf Bildern zeigt sie auf, dass – obwohl die offizielle Geschichtsschreibung nur männliche Taten berücksichtigt – Frauen einen ebenso wichtigen Beitrag zur Weltgeschichte leisten. Im letzten Bild tritt die Figur der Arbeit auf, die die Frauen befreit. Auf der Bühne stehen dabei weibliche und männliche Unterstützer der Frauenbewegung, darunter auch die erst 16-jährige Katia Pringsheim, die später Thomas Mann heiraten wird.

Eheliches Glück ist Marie Haushofer nicht beschieden, sie wird, wie so viele ihrer Zeitgenossinnen, ledig bleiben, weitere Festspiele schreiben und mit Altmeister-Kopien ihren Lebensunterhalt bestreiten. Erst 1919, mit 48 Jahren, verlässt sie den Haushalt, in dem sie seit dem überraschenden Tod des Vaters 1907 mit Emma Merk lebt – 1902, nach dem Tod seiner Mutter, hatte Max Haushofer die Schriftstellerin geheiratet. Marie nimmt sich eine Atelierwohnung im Lehel, wohl auch, weil sie gerade den Pianisten Wolfgang Ruoff kennengelernt hat. Der elf Jahre jüngere Musikprofessor ist zwar ein verheirateter Familienvater, besucht Marie aber täglich und ist ihr 20 Jahre lang ein treuer Gefährte.

Mit der Machtübernahme der Nationalsozialisten schwindet Maries Ansehen – und auch ihr Freundeskreis: Mitstreiterinnen aus der Frauenbewegung gehen ins Exil, die Nachfrage nach ihren Bildern bricht ein. Spätestens seit Ausbruch des Zweiten Weltkriegs plagen sie Geldnöte, außerdem hindern sie unerklärbare Krankheitssymptome am Malen. Im Oktober 1940 greift sie zum Äußersten und wählt den Freitod, um ihren Geschwistern und Wolfgang Ruoff nicht zur Last zu fallen. Tagelang sucht Ruoff sie verzweifelt; zwei Wochen später wird ihre Leiche am Speichersee im Norden Münchens angespült. Nach zähem Ringen erteilt die Gemeinde Chiemsee die Erlaubnis, ihre Asche auf dem Friedhof der Fraueninsel beizusetzen. Dort, wo Marie Haushofer so viele glückliche Stunden erlebte und die Erinnerung an sie bis heute hochgehalten wird.

GABRIELE MÜNTER 1877 – 1962

»Ab nach München!«, mit diesem enthusiastischen Vorsatz reist die 24-jährige Gabriele Münter nach privatem Zeichenunterricht in Düsseldorf und einem zweijährigen Amerikaaufenthalt bei Verwandten 1901 in den Süden Deutschlands. In der aufstrebenden Kunststadt an der Isar sind die Ausbildungsmöglichkeiten für Frauen, die Kunst zu ihrem Beruf machen möchten, so gut wie kaum an einem anderen Ort in Deutschland. Dank einer Leibrente, die sie nach dem Tod ihres Vaters erhält, muss sich die junge Frau keine Gedanken über finanzielle Probleme machen. Münter wird in die Damenakademie des Künstlerinnenvereins aufgenommen und stürzt sich eifrig in die Arbeit der Anfängerklasse; bald darf sie auch am Aktzeichnen teilnehmen. Doch da ist ihre Begeisterung bereits im Schwinden begriffen: Obwohl die Damenakademie zu den besten Kunstschulen für Frauen in ganz Europa gehört, ist der Unterricht, verglichen mit dem, was Männer an der Akademie der Bildenden Künste lernen können, ein Kunststudium »light«. Der arrogante Zweifel männlicher Maler gegenüber weiblichen Talenten schlägt sich auch im Unterricht nieder. Geboten werden feminine Themen und eine damenhafte Herangehensweise – moderne Maltechniken, wie sie seit den Impressionisten Schule machen, gelten als männlich und haben im Unterricht keinen Platz. Und die Modelle im so wichtigen Aktstudium sind mit züchtigen Draperien verhüllt.

Als Münter eine Ausstellung der Künstlergruppe »Phalanx« besucht, ist sie vom Werk des Bildhauers Wilhelm Hüsgen so angetan, dass sie die Damenakademie verlässt und sich stattdessen in der von der Künstlergruppe betriebenen Malschule einschreibt – eine schicksalhafte Entscheidung. Denn die Aktklasse dort leitet ein 35-jähriger Russe, der gleichzeitig an der Kunstakademie bei Franz von Stuck studiert: Wassily Kandinsky. Er nimmt seine Schülerinnen vorurteilsfrei ernst. »Das war eine neue künstlerische Erfahrung, wie mir Kandinsky, anders als die anderen Lehrer, Details erklärte und mich wie ein vernunftbegabtes, atmendes menschliches Wesen ansah«, erinnert sich Münter später. Auf Exkursionen nach Kochel und in den oberpfälzischen Künstlerort Kallmünz zeigt ihr Kandinsky, wie man mit Ölfarben arbeitet und die Spachtel statt des Pinsels einsetzt, um »gute« Farben aufzutragen. Bald werden Münter und Kandinsky ein Liebespaar.

Allerdings müssen sie ihre Beziehung geheim halten: Kandinsky ist mit seiner Cousine verheiratet, eine Hochzeit unmöglich. Ein außereheliches Liebesverhältnis aber bedeutet für Frauen – anders als für Männer – das Ende gesellschaftlicher Reputation. Deshalb verbringt das Paar seine ersten Jahre vor allem auf Reisen, wo sich ihr Verhältnis besser vertuschen lässt. 1908 kehren beide nach München zurück und beschließen, sich in Murnau am Staffelsee eine Bleibe zu suchen und zusammen zu leben. Im Frühsommer 1909 entdecken sie eine auf einem Hügel stehende Villa, die Gabriele Münter kauft – das heutige Münter-Haus, von Einheimischen seinerzeit abfällig »Russenhaus« genannt. Nun beginnt die künstlerisch fruchtbarste Zeit des Paares. Gabriele Münter entwickelt neben ihrer Malerei nicht nur eine Meisterschaft in der Technik des Holzschnitts, sie lässt sich auch in der am Staffelsee traditionsreichen Hinterglasmalerei ausbilden.

Gesellschaftlich allerdings steht sie mit der nun offen gelebten Beziehung zu Kandinsky endgültig im Aus: Offiziell kann sie nirgendwo mehr empfangen werden, entsprechend eingeschränkt ist der soziale Kreis, in dem sich die Künstlerin bewegt. Ihr hartnäckiges Beharren, Kandinsky solle sich endlich scheiden lassen und sie heiraten, wird gern als Akt romantischer Verzweiflung interpretiert, ist aber auch vor diesem Hintergrund zu sehen: Eine Hochzeit wäre Gabriele Münters einzige Möglichkeit gewesen, ihren Ruf als gesellschaftsfähige Frau wieder herzustellen.

Avantgardistisch und liberal eingestellte Zeitgenossen allerdings scheren sich um diese Sachlage nicht. Mit dem Künstlerpaar Marianne Werefkin und Alexej Jawlensky entwickelt sich eine enge Freundschaft. Beide Paare sind auch der Nukleus der sich 1909 herausbildenden Neuen Künstlervereinigung München. In ihr sind, anders als in anderen zeitgenössischen Künstlergemeinschaften, beispielsweise der »Brücke«, Frauen den Männern gleichgestellt und auch bei gemeinsamen Ausstellungen in umfangreichem Maß vertreten.

Als 1911 allerdings der Maler Franz Marc zur Neuen Künstlervereinigung stößt, beginnen sich die Gewichte zu verschieben. Kandinsky plant ein Almanach über neue Kunstströmungen und von jeglichen akademischen Regularien unverbildete Volkskunst, Marc ist für das Projekt Feuer und Flamme. Über den Vorbereitungen zu diesem Buch mit dem inzwischen gefundenen Namen »Der Blaue Reiter« entwickelt sich zwischen Marc und Kandinsky ein künstlerischer Austausch von ähnlicher Intensität wie zuvor zwischen Kandinsky und Münter. Gleichzeitig beginnt es in der Künstlervereinigung zu gären: Kandinskys zunehmend abstrakte Werke stoßen dort auf massive Kritik; schließlich provoziert er einen Eklat, in dessen Folge Münter, Kandinsky und Marc austreten und nur zwei Wochen später »Die erste Ausstellung der Redaktion Der Blaue Reiter« eröffnen.

Auch die Arbeit am Almanach tritt in ihre Abschlussphase ein; hinzugezogen werden, neben Gabriele Münter und Franz Marcs Frau Maria, noch August Macke und dessen Ehefrau Elisabeth. Und obwohl in der Künstlergemeinschaft Der Blaue Reiter die gleichen Gleichberechtigungsideale hochgehalten werden wie zuvor in der Neuen Künstlervereinigung, entwickelt sich rasch eine recht traditionelle Arbeitsaufteilung: Die Männer redigieren die Texte, die Frauen dürfen sie kopieren. Gabriele Münter hat darüber hinaus zwar Bildmaterial gesammelt und mit diversen Autoren Kontakt gehalten, nach außen als Mitarbeiterin geführt wird sie trotzdem nicht. Das Idyll im Russenhaus bekommt erste Risse, auch wenn Wassily Kandinsky seiner Lebensgefährtin im Umgang mit schwierigen Galerien die Stange hält und sie in Texten über ihre Kunst als absolut ebenbürtig beschreibt.

Jahre der Enttäuschung und des Erfolgs

Dann bricht der Erste Weltkrieg aus. Als Russe muss Kandinsky Deutschland verlassen. Gabriele Münter löst die gemeinsame Schwabinger Wohnung auf und reist nach Stockholm, wo sie als Mitgründerin des Blauen Reiters, Künstlerin und Kennerin der Europäischen Kunstszene überaus geschätzt wird. Sie hofft auf ein baldiges Wiedersehen mit Kandinsky, doch als dieser 1915 für einen kurzen Aufenthalt in Schweden eintrifft, hat sich das Verhältnis merklich abgekühlt. Nach der Oktoberrevolution 1917 bricht er den Kontakt endgültig ab; erst Jahre später erfährt Gabriele Münter, dass er in diesem Jahr erneut geheiratet hat.

Die 1920er-Jahre sind für sie ein schwieriges Jahrzehnt: Die Trennung von Kandinsky setzt ihr zu, ihr künstlerisches Schaffen und auch der Absatz ihrer Bilder geraten ins Stocken. Über die Herausgabe von Wassily Kandinskys Besitz, den Gabriele Münter einlagern ließ, vor allem über seine in der Münchner und Murnauer Zeit entstandenen Bilder entbrennt ein erbitterter Rechtsstreit, der zwar zugunsten Münters endet, ihr aber dennoch zu schaffen macht.

Die Wende bringt eine Silvesterfeier, auf der sie Ende 1927 den neun Jahre jüngeren Kunsthistoriker Johannes Eichner kennenlernt. Er wird ihr Lebensgefährte und stabilisiert nicht nur das Selbstwertgefühl der angeschlagenen Künstlerin, sondern organisiert als ihr Agent auch Ausstellungsmöglichkeiten und den Verkauf von Bildern.

Als die Nationalsozialisten die Macht übernehmen, tritt Münter zwar pro forma der Reichskammer der bildenden Künste bei, zieht sich aber bald aus der Öffentlichkeit zurück. Die Sammlung mit Bildern von Kandinsky und anderen Malern des Blauen Reiter, die bei einer Spedition lagert, bringt sie sicherheitshalber nach Murnau und versteckt sie in einem schwer zugänglichen Kellerraum ihres Hauses.

Schon bald nach dem Zweiten Weltkrieg wird ihre künstlerische Wiederentdeckung eingeleitet. Den Anfang macht 1949 eine große Ausstellung über den Blauen Reiter im Münchner Haus der Kunst, 1950 ist Münter auf der Biennale in Venedig vertreten, 1955 eine von nur sieben Frauen auf der ersten documenta in Kassel. Als sie 1957 anlässlich ihres 80. Geburtstags die in ihrem Murnauer Keller vor den Nazis gerettete Sammlung dem Lenbachhaus schenkt, löst dies zwar erneut ein immenses Interesse am Werk der Blauen-Reiter-Künstler aus, verändert aber auch die Art, wie die Malerin wahrgenommen wird. Galt das Interesse früher ihren schöpferischen Fähigkeiten, sieht die Öffentlichkeit in ihr nun die Lebensgefährtin Kandinskys und die Retterin seines Frühwerks. Erst seit wenigen Jahren wird Gabriele Münter durch Ausstellungen wie »Malen ohne Umschweife« im Lenbachhaus zu ihrem 140. Geburtstag mit ihrem eigenen Werk und in ihrer zentralen Rolle bei der Entwicklung des Blauen Reiter wieder ihrer Bedeutung entsprechend wahrgenommen.

CHRISTA WINSLOE

1888 – 1944

War der Wunsch, eine Malerausbildung zu absolvieren, um 1900 für Frauen schon mehr als kühn, so ging das Ansinnen, Bildhauerin zu werden, noch weit darüber hinaus. Eine Tätigkeit, bei der Kraft und grobe Werkzeuge vonnöten waren, bei der man dreckig und staubig wurde, raue Hände bekam und – schlimmer noch! – sich unumgänglich mit dem Studium des nackten Körpers beschäftigen musste … So etwas konnte für eine sittsame höhere Tochter unmöglich geeignet sein. Zudem, so die gängige Meinung konservativer Zeitgenossen, gehe Frauen jegliche künstlerische Raumvorstellung ab, was plastisches Arbeiten nahezu unmöglich mache.

Und doch ist genau dies das Ziel der Darmstädter Rittmeisters-Tochter Christa Winsloe, als sie sich 1909 an der Münchner Kunstgewerbeschule einschreibt.

Gerade 20 Jahre alt, hat sie da eine besonders albtraumhafte Phase bereits hinter sich: Als wenige Monate vor ihrem zwölften Geburtstag die Mutter stirbt, ist der vom Militärdienst früh pensionierte Vater mit der Situation vollkommen überfordert und gibt seine Tochter in das Kaiserin-Augusta-Stift in Potsdam. Zielsetzung des Internats ist die Erziehung von Soldatenmüttern, entsprechend erbarmungslos sind Tonfall und Drill; auch der Speisezettel fällt, um körperliche Härte heranzubilden, überaus mager aus. Die Mädchen werden in allen Bereichen grundsätzlich niedergemacht, um ihr Selbstbewusstsein zu brechen. Die Schülerinnen suchen nach inneren Fluchtmöglichkeiten vor der erbarmungslosen Situation – die einen ersinnen Gruselgeschichten, die anderen erzählen unanständige Witze, viele verfallen in romantische Schwärmereien füreinander und für das Lehrpersonal. Christa Winsloes Schulzeit dort endet mit der Konfirmation, anschließend besucht sie noch ein Mädchenpensionat in Lausanne, das ihr im Vergleich zu dem Potsdamer Institut vorkommt wie ein Paradies. Dort entdeckt sie beim Modellieren mit Ton ihre Liebe zum plastischen Gestalten.

Zurück in ihrer Heimatstadt findet sie Möglichkeiten, ihre ersten künstlerischen Gehversuche fortzusetzen: In der ab 1899 etablierten Künstlerkolonie auf der Darmstädter Mathildenhöhe kann sie im Bildhaueratelier von Heinrich Jobst mitarbeiten. Jobst, der auch eine 65 Zentimeter hohe Marmorbüste der aparten jungen Frau anfertigt, rät ihr dringend, nach München zu gehen und sich fundiert ausbilden zu lassen.

Dort muss sie nicht nur mit chronischem Geldmangel, sondern auch mit den Vorurteilen ihrer Zeit kämpfen. Zwar spezialisiert sie sich vornehmlich auf das Frauen gerade noch zugestandene Gebiet der Tierplastik, doch fertigt sie keine possierlichen Dekorationsobjekte an, sondern meißelt auch mal aus einem Marmorblock ein Schwein in Lebensgröße. Als sie sich gemeinsam mit einem männlichen Kommilitonen einen Raum mietet, um dort ihre Aktstudien nach einem privat gebuchten Modell ausüben zu können, geht die Sittenpolizei gegen sie vor.

Ankommen in unbekannten Gefilden

Trotz solcher Widrigkeiten sind die Münchner Studienjahre für Christa Winsloe eine fruchtbare Zeit, in der sie das ausgelassene Künstlerleben genießt, in Kontakt kommt nicht nur mit den künstlerischen, sondern auch den literarischen Kreisen der Stadt. Dort trifft sie Ende 1912/Anfang 1913 den ungarischen Baron Lajos Hatvany, der in Berlin eine Zeitschrift verlegt und Satiren und Theaterstücke schreibt. Die junge Bildhauerin verliebt sich auf der Stelle; im Dezember 1913 heiratet sie den ungarischen Adeligen in Budapest. »Hinter mir lag ein sehr armes und sehr reiches Studentinnenleben (…)«, notiert sie später in einer autobiografischen Erzählung. »Hinter mir lag mein Zuhause, das einfache Heim eines deutschen Offiziers (…) Ich verließ eine Gemeinschaft von Freundinnen und Freunden, ich verließ mein Heimatland und machte mich auf in die Welt mit nur einer Person neben mir, einem Fremden, einem Ausländer in einem mir unbekannten Land.«

Das Ehepaar lebt vor allem in Budapest und auf dem Landsitz der Familie in Hatvan, 60 Kilometer nordöstlich der ungarischen Hauptstadt. Christa hat ein eigenes Atelier, ein mehr als großzügiges Heim und kann auf Reisen, beispielsweise nach Paris, auch ihre Kunststudien vorantreiben. Der Erste Weltkrieg geht an der ungarischen Provinz, in die sich das Paar zurückzieht, relativ spurlos vorüber. Dafür ist die Veränderung, die das Ende der Monarchie mit sich bringt, um so einschneidender: In den Wirren zwischen ungarischer Revolution und Gegenrevolution fliehen Lajos Hatvany und seine Frau erst nach Berlin, dann nach Wien.

Dort beginnt es in der Ehe zu kriseln, 1922 folgt die Trennung. Christa Winsloe, mit einer stattlichen Abfindung bedacht, geht nach Berlin, muss aber erleben, dass die Inflation ihr gesamtes Vermögen auffrisst. Ihr bleibt nichts anderes übrig, als in ihr Atelier zu ziehen und sich mit dem Verkauf von Zeichnungen an Zeitschriften über Wasser zu halten. Gleich-

a Christa Winsloe mit Marmorskulptur eines Schweins, 1918

zeitig ermutigt sie die Situation, erneut den Versuch zu unternehmen, von ihrer Kunst zu leben. Also geht Christa Winsloe zurück nach München und richtet sich in der Kunigundenstraße in einem Haus mit Atelier ein, in dem sie mit bis zu 50 Tieren lebt, von Katzen und Vögeln über diverse Äffchen bis hin zu einer stattlichen Zahl an Meerschweinchen. In ihnen findet Christa Winsloe nicht nur Gesellschaft, sondern auch die Möglichkeit, ihre Modelle zu jeder Tages- und Nachtzeit zu studieren. Die Vermarktung der Skulpturen läuft ebenso gut wie der Verkauf humorvoll-charmanter Texte über ihre Arbeit als Tierbildhauerin an diverse Zeitungen.

Bald widmet sie dem Schreiben mehr Aufmerksamkeit, verfasst schließlich auch ein Theaterstück mit dem ursprünglichen Titel »Ritter Nerestan«, in dem sie ihre traumatischen Erlebnisse in dem Potsdamer Mädchenstift verarbeitet. Die Geschichte um ein verunsichertes, Halbwaise gewordenes Mädchen, das sich vor den unmenschlichen Zumutungen des Schulalltags in die Liebe zu einer einfühlsamen Lehrerin flüchtet und schließlich versucht, sich das Leben zu nehmen, trifft Ende der 1920er-Jahre auf großes Interesse. Das Stück wird vielfach aufgeführt und 1930 auch ein erstes Mal verfilmt. Unter dem Titel »Mädchen in Uniform« erregt der Film international Aufmerksamkeit; schlagartig ist Christa Winsloe eine berühmte und auch gefragte Schriftstellerin.

Überleben in schwierigen Zeiten

Auf einer Weihnachtsfeier in der Nähe von Wien trifft sie eine alte Bekannte ihres Ex-Mannes wieder, die US-amerikanische Auslandskorrespondentin Dorothy Thompson, die sich mit ihren Artikeln gegen den aufziehenden Faschismus in Deutschland engagiert. Die beiden Frauen verlieben sich leidenschaftlich ineinander und verbringen das Frühjahr 1933 gemeinsam im italienischen Portofino. Aus Deutschland wird Thompson wegen ihrer offen regimekritischen Haltung gegenüber den Nationalsozialisten ausgewiesen, deswegen reisen beide Frauen gemeinsam in die USA, um dort mit Texten und Vortragsreisen auf die Situation in Deutschland aufmerksam zu machen.

Parallel veröffentlicht Winsloe die Romanfassung zu »Mädchen in Uniform« unter dem Titel »Das Mädchen Manuela« in einem niederländischen Verlag, wo auch viele Exil-Literaten aus Deutschland publizieren. Die Veröffentlichung von zwei weiteren Romanen dort betrachtet das Regime in Berlin als offenen Affront und belegt sie in Deutschland mit einem Publikationsverbot. In den USA kann Christa Winsloe auch wegen Sprachschwierigkeiten nicht wirklich Fuß fassen, zudem kommt es mit

Dorothy Thompson zunehmend zu Spannungen. Enttäuscht kehrt Christa Winsloe 1935 nach München zurück. Aufgrund des Publikationsverbots weitgehend zur Untätigkeit gezwungen, widmet sie sich ihren Tieren und ihrem Garten.

Der Auftrag, ein Filmdrehbuch zu schreiben, in dem es wiederum um die Nöte eines jungen Mädchens in einem Internat gehen soll, führt Winsloe 1938 nach Paris. Kurz nachdem der Film im August 1939 in die Kinos kommt, bricht der Zweite Weltkrieg aus. Wie viele andere deutsche Literaten beschließt Christa Winsloe nach Südfrankreich zu gehen, wo sie sich in Cagnes-sur-Mer bei Nizza einquartiert. Allerdings erweist sich das vermeintliche Paradies rasch als Sackgasse. Winsloe schreibt zwar viel, kann aber nichts veröffentlichen. Lebensmittel und Geld werden knapp, der Gesundheitszustand der mittlerweile über 50-Jährigen ist angegriffen. Sie lernt die ebenfalls angeschlagene Schweizer Pianistin Simone Gentet kennen, zieht aus Neigung wie aus finanziellen Gründen mit ihr zusammen und bewirtschaftet einen großen Garten, um sich, Simone und bisweilen auch Emigranten aus der Umgebung zu verköstigen. Doch obwohl sich Christa Winsloe dort zunehmend eingeengt fühlt, gelingt ihr erst im Frühjahr 1944 eine Ortsveränderung: Die beiden Frauen übersiedeln nach Cluny im Burgund. Von dort will Simone Gentet zurück in ihr ungeliebtes Heimatland; Christa Winsloe möchte über Deutschland zum Landsitz ihres Ex-Mannes reisen und dort das Kriegsende abwarten. Doch keine von beiden wird an ihrem Ziel ankommen: Am 10. Juni werden die beiden Frauen von der Résistance verhaftet und erschossen. Die genauen Hintergründe können nie ganz geklärt werden.

Was von diesem wechselvollen Leben bis heute in Erinnerung bleibt, sind, natürlich, die »Mädchen in Uniform«, vor allem in der Verfilmung von 1958 mit Romy Schneider, der noch immer erhältliche Roman »Das Mädchen Manuela«, und eine Sammlung scharfzüngiger und humorvoller Feuilletons aus den späten 1920er-Jahren, die unlängst wieder aufgelegt wurden.

FRAUEN IN DER POLITIK

Neue Ziele in der Frauenbewegung

(Zeichnung von E. Thöny)

„Meine Damen! Die Emanzipation des Mannes können wir nur auf eine Weise wirksam und erfolgreich bekämpfen — indem wir diese ‚Saubengels' einfach niederknallen."

Meine Herren und Damen…« Mit diesen Worten beginnt die SPD-Abgeordnete Marie Juchacz ihre Rede vor der Nationalversammlung in Weimar am 19. Februar 1919. Es ist das erste Mal, dass eine Frau in einem Parlament mit Vertretern aus ganz Deutschland spricht. Und gleich die Anrede enthält eine wohlüberlegte Spitze. Denn obwohl bei der Wahl zu dieser Versammlung, die eine Verfassung für die junge Republik erarbeiten soll, Frauen erstmals genauso ihre Stimme abgeben durften wie Männer, ist die Geschlechteraufteilung der Abgeordneten alles andere als ausgewogen: Gerade einmal 37 der 423 Mitglieder sind weiblich, also 8,75 Prozent. Zwar ist dies zu diesem Zeitpunkt der weltweit höchste Frauenanteil in einem Parlament, aber dennoch eine Enttäuschung für die Frauenrechtlerinnen, die mehr als ein halbes Leben auf diese Chance hingearbeitet haben.

Denn auch wenn – mangels passiven und aktiven Wahlrechts – keine von ihnen zuvor ein offizielles politisches Amt hatte übernehmen können, so verfügen sie doch durch ihre Mitarbeit in Frauenorganisationen, Gewerkschaften und Wohlfahrtsverbänden über sattsam politische Erfahrung. Dass diese nur in seltenen Fällen in den Parlamenten zum Tragen kommt, liegt zum einen an den Ränken der im Politikbetrieb versierteren Männer: In vielen Fällen gelingt es ihnen, weibliche Konkurrenz auf die hinteren Plätze der Wahllisten zu verdrängen und damit deren Chancen auf einen Abgeordnetensitz zu minimieren. Die Frauenrechtlerin Anita Augspurg, die an vorderster Front für das Frauenstimmrecht kämpfte, gehört zu den prominentesten »Opfern« dieser Strategie: Sie kandidiert für die Unabhängige Sozialdemokratische Partei (USPD) für einen Sitz im Bayerischen Landtag, kann aber aufgrund ihres nachgeordneten Listenplatzes die politischen Weichenstellungen im neu geschaffenen Freistaat Bayern selbst nicht mitgestalten.

Kampf für Frauenrechte in den Parlamenten

Die zweite Ursache für den niedrigen Frauenanteil liegt allerdings auch in den nun wahlberechtigten Frauen selbst: Bei der Abstimmung zur verfassungsgebenden Nationalversammlung am 19. Januar 1919 nehmen sie ihr neues Recht zwar zu über 90 Prozent wahr, doch wählen sie keineswegs Parteien des linken Spektrums mit vergleichsweise vielen Kandidatinnen. Die Mehrheit der Frauen ist in ihrer Wahlentscheidung deutlich konservativer als Männer. Eine Ursache dafür wird in einer engeren kirchlichen Bindung vermutet, aber auch darin, dass die Arbeiterbewegung, aus der die fortschrittlicheren Parteien hervorgegangen waren, stets eher männlich geprägt war.

Vor diesem Hintergrund lässt sich der Mut erahnen, der nötig war, um sich als Frau überhaupt aufstellen zu lassen, sei es für die Nationalversammlung und den späteren Reichstag, sei es für den provisorischen bayerischen Nationalrat und den auf ihn folgenden Landtag. Denn es gilt nicht nur, gegen Vorurteile bornierter männlicher Kollegen anzukämpfen, Politik ist nach der Auflösung der Monarchie tatsächlich ein höchst gefährliches Geschäft. Der Ausrufung der Republik am 9. November 1918 folgen in Berlin bewaffnete Auseinandersetzungen zwischen dem gemäßigten sozialdemokratischen Flügel und dem marxistischen Spartakusbund, und auch in Bayern kommt es zu chaotischen Verhältnissen. Hier hat der USPD-Politiker Kurt Eisner bereits am 7. November bei einem völlig unblutig verlaufenen Staatsstreich König Ludwig III. und die Wittelsbacher-Dynastie abgesetzt und den »Freistaat Bayern« ausgerufen sowie die Bildung eines provisorischen Nationalrats zur Vorbereitung von Landtagswahlen in die Wege geleitet. Dennoch versucht auch hier die extreme Linke, die Machtverteilung zu radikalisieren, und die Rechte ruft zur gewaltsamen Niederschlagung dieser »jüdisch-bolschewistischen« Machtübernahme auf. Immer wieder kommt es zu Demonstrationen, die in Schießereien und Putschversuchen gipfeln. Am 5. Januar 1919 wird die Deutsche Arbeiterpartei gegründet, die sich ein Jahr später in NSDAP umbenennt. Eine Woche später werden die ersten Landtagswahlen abgehalten, bei der die bislang die Regierung führende USPD eine vernichtende Niederlage erleidet. In der konstituierenden Sitzung des neuen Landtags am 21. Februar 1919 will der noch amtierende USPD-Ministerpräsident Eisner sein Amt niederlegen. Doch auf dem Weg zum Parlament wird Eisner von einem antidemokratisch gesinnten Studenten ermordet. Im Landtag kommt es anschließend zu einer Schießerei mit Toten und Verletzten. Daraufhin übernimmt ein mit Vertretern von SPD, USPD, der Kommunistischen Partei und Bauernräten besetzter Zentralrat die Regierungsgewalt.

Die Verhältnisse werden indes immer unübersichtlicher: Am 7. März rufen die linken Politiker Ernst Toller, Erich Mühsam und Gustav Landauer die »Räterepublik Baiern« aus; die Staatsregierung flieht nach Bamberg. Es folgen immer wieder brutale Auseinandersetzungen zwischen der von der extremen Linken gebildeten »Roten Armee« und den von Berlin nach Bayern entsandten Truppen und Freikorpsverbänden. Als die Revolution am 1. Mai 1919 schlussendlich niedergeschlagen wird, haben über tausend Menschen ihr Leben verloren; die Anführer der Revolution werden hingerichtet, Erich Mühsam zu 15 Jahren Festungshaft verurteilt.

Angesichts dieser wechselvollen Entwicklung ist es mehr als erstaunlich, dass es den wenigen in den Parlamenten von München und Berlin vertretenen bayerischen Frauen dennoch gelingt, ihre Ziele im Auge zu behalten und zu verfolgen. Meist sind dies Anliegen, die sich schon die Frauenbewegung auf die Fahnen geschrieben hat: die Verbesserung der rechtlichen Stellung der Frau, die Schaffung von mehr Bildungsgerechtigkeit für Mädchen und Frauen, die Zulassung von Frauen als Richterinnen und Schöffinnen oder die Abschaffung des »Beamtinnenzölibats«. Denn noch immer müssen Lehrerinnen und andere weibliche Beamte ihren Beruf aufgeben, sobald sie heiraten; gleichzeitig verlieren sie sämtliche Pensionsansprüche. Die weiblichen Abgeordneten wagen sich jedoch auch an heiße Eisen, die vermutlich kein Mann in dieser Zeit ansprechen würde: So engagieren sie sich für einen besseren Schutz für Prostituierte und für das Recht auf Abtreibung in den ersten Schwangerschaftsmonaten. Und sie behaupten sich in »harten« Politikfeldern, wie in den Ausschüssen für Verfassungsfragen, den Staatshaushalt, für Finanzen oder Wirtschaft. Sie prägen, soweit dies möglich ist, einen anderen Politikstil und treten nicht nur für die Interessen ihrer jeweiligen Fraktionen ein, sondern setzen sich gerade für die Ziele der Frauenbewegung geschlossen ein, über alle Fraktionsgrenzen hinweg.

Dennoch sinkt der Frauenanteil in den Parlamenten im Verlauf der Weimarer Republik immer stärker ab: Im letzten Bayerischen Landtag vor der Machtübernahme der Nationalsozialisten sind gerade noch 2,2 Prozent der Abgeordneten weiblich; im letzten Reichstag liegt die Quote bei immerhin sechs Prozent. Nach 1933 endet die erste Ära weiblicher Politikerinnen dramatisch. Die Nationalsozialisten verdrängen Frauen konsequent aus politischen Ämtern; Angehörige andersdenkender Parteien werden verfolgt und inhaftiert.

Auch nach dem Zusammenbruch des »Dritten Reichs« dauert es lange, bis sich Frauen wieder als wirkliche politische Kraft etablieren können: Die ohnehin überschaubare Quote von 8,7 Prozent der verfassungsgebenden Weimarer Nationalversammlung wird in einem deutschlandweiten Parlament erst wieder mit dem Bundestag 1980 annähernd erreicht.

> »Im gesamten Berufsleben aber ist es Frauenaufgabe, Gegensätze zu überbrücken, Menschlichkeit hochzuhalten und Frauenwürde zu behaupten.«
>
> (Klara Barth, BVP, Mitglied des Bayerischen Landtags von 1920 bis 1930)

TONI PFÜLF

1877 – 1933

Eine der beeindruckendsten Politikerinnen, die schon vor Einführung des aktiven und passiven Wahlrechts für Frauen die politische Bühne betreten, ist die in Metz geborene und später in Bayern beheimatete Antonie »Toni« Pfülf.

Ihre Familie ist zwar gut situiert, aber wiederum nicht wohlhabend genug, um sie und ihre ältere Schwester ein Leben lang versorgen zu können. Dennoch versagen die Eltern Antonie den Wunsch nach einer beruflichen Ausbildung. Die junge Frau bleibt stur: Mit 23 geht sie in die bayerische Landeshauptstadt auf ein Lehrerinnenseminar. Ihre ersten Hilfslehrerinnen-Stellen führen sie aufs Land, nach Peiting und Oberammergau – der intensive Kontakt zur ländlichen Bevölkerung wird ihr später als Politikerin zugutekommen – und schließlich in das damals noch nicht eingemeindete Milbertshofen im Norden Münchens. Dort lernt sie erstmals die Lebensumstände von Familien der Unterschicht kennen – ein Thema, das Toni Pfülf ein Leben lang nicht mehr loslassen wird. Schon 1902, als politische Arbeit für Frauen offiziell noch verboten ist, schließt sie sich der SPD an. Sobald 1908 die Regelungen für die politische Betätigung von Frauen gelockert werden, wird Pfülf ordentliches Parteimitglied und tritt aus der katholischen Kirche aus; beides führt zum endgültigen Bruch mit ihrer Familie.

Konventionen scheren Toni Pfülf ohnehin nicht: Sie schneidet sich die Haare kurz, trägt bisweilen Männerkleidung, raucht und streitet über Jahre mit der Schulbehörde, die sie wegen ihres Kirchenaustritts mit Sanktionen belegen will. Nach einer TBC-Erkrankung, die 1915 zur Frühpensionierung führt, engagiert sie sich als Armen- und Waisenpflegerin und wird in dieser Funktion auch kommunalpolitisch aktiv.

Als 1918 die Revolution losbricht und eine provisorische Räteregierung gebildet wird, ist die Mitwirkung von Frauen im Arbeiterrat eigentlich nicht vorgesehen. Doch Pfülf will sich den Mund nicht verbieten lassen und erscheint uneingeladen auf einer Versammlung im Mathäser-Festsaal. Als der Aktivist Erich Mühsam sie vom Rednerpult und aus dem Saal entfernen lassen will, wehrt sie sich vehement, doch vergebens. Trotz weiterer Versuche gelingt es Toni Pfülf nicht, Mitglied dieses Gremiums zu werden.

Also konzentriert sie ihre Aktivitäten auf die SPD. Auch dort kommt es zum Eklat: Als bekannt wird, dass eine Tochter des bayerischen Innenministers und SPD-Vorsitzenden Erhard Auer im Frühjahr 1919 dem verletzten Mörder von Ministerpräsident Kurt Eisner einen Rosenstrauß ins Krankenhaus gebracht hat, fordert Pfülf den Rücktritt Erhard Auers von sämtlichen Ämtern. Gehör bei den Genossen findet ihr Vorstoß nicht – im Gegenteil, er kostet sie den bereits sicheren Platz auf der Liste der Münchner SPD bei den ersten regulären Reichstagswahlen im Juni 1920.

Stattdessen verbannen die Partei-Oberen Toni Pfülf in die tiefste Provinz und stellen sie im Wahlkreis Niederbayern / Oberpfalz als Kandidatin auf. Dass sich die aus der Kirche ausgetretene Friedensaktivistin und vehemente Alkoholgegnerin dort bewährt, glaubt niemand. Doch ihr offenes Ohr für die Nöte der kleinen Leute, ihre als Hilfslehrerin gesammelten Erfahrungen mit der Landbevölkerung, vor allem aber ihr ehrliches Engagement bewirken das Wunder. »Der Fleiß und die Ausdauer, mit der sie diesen fast rein ländlichen Wahlkreis bearbeitete, waren bewundernswert. Wie sie mit ihren Antialkoholismus und ihrer Freigeisterei bei dieser katholischen und trinkfesten Bevölkerung zurechtkam, ist nie richtig bekannt geworden«, bemerkt der Parteigenosse, Landtags- und Reichstagsabgeordnete Wilhelm Hoegner staunend. Toni Pfülf erringt den Wahlsieg, und nicht nur einmal: Bis 1933 gehört sie dem Deutschen Reichstag in Berlin an.

> »Gehen's heim, nehmen's an Schrubber und an Putzlumpen in d'Hand und überlassen das Politisieren den Mannsleuten!«
>
> (aus einer »Stürmer«-Ausgabe 1932)

Die Themen, derer sie sich in dieser Zeit annimmt, sind ebenso typisch weiblich wie unbequem: Sie kämpft für die Abschaffung des Paragrafen 218, die Gleichstellung ehelicher und nichtehelicher Kinder, für eine Schulreform, die Abschaffung des Schulgelds und wirkliche Chancengleichheit für Kinder aus armen Verhältnissen. Motivation und Argumente zieht sie aus ihren eigenen Erfahrungen: »Ich habe hunderte von Knaben durch meine Klassen gehen sehen, die sehr begabt waren und denen ich von Herzen gewünscht hätte, dass sie eine bessere Schulbildung hätten durchmachen können. Mit zwölf Jahren haben sie diese Volksschule verlassen müssen und sind in die Textilfabriken (...) gegangen. Viele von diesen Knaben kamen des Abends zu mir, um mit mir

a Wahlplakat der SPD, im Fokus: das Frauenwahlrecht, 1914

b Lily Koebner-Linke, »Frauenstimmrecht«, 1918-1919

weiterzulernen, und viele von ihnen haben mir nach drei, vier Monaten sagen müssen: Fräulein, ich bin abends zu müde, ich kann nicht weiterlernen. Und mit tränenden Augen haben mir das die Knaben erzählt.«

Auch für gesamtgesellschaftliche Anliegen streitet Toni Pfülf. Sie setzt sich sowohl für die Abschaffung der Todesstrafe ein als auch für eine verstärkte Wahrung der Menschenrechte und die wirkliche Gleichstellung der Geschlechter als universelles und uneinschränkbares Menschenrecht.

All diese Positionen bringen Toni Pfülf in klare Opposition zu den spätestens ab Mitte der 1920er-Jahre nicht nur in Bayern, sondern deutschlandweit erstarkenden Nationalsozialisten. Auch hier scheut Toni Pfülf die offene Auseinandersetzung nicht. Mitglieder der NSDAP versuchen alles, um sie einzuschüchtern, zu diffamieren und bei ihren Wählerinnen und Wählern lächerlich zu machen. Als sie etwa bei einer Veranstaltung in Weimar die NSDAP offen angreift, ist in einem Kommentar der NS-Wochenzeitung »Der Stürmer« zu lesen: »Gehen's heim, nehmen's an Schrubber und an Putzlumpen in d'Hand und überlassen das Politisieren den Mannsleuten!« Und nach einer Veranstaltung in ihrem Heimatwahlkreis Weiden notiert 1932 ein Polizeispitzel: »Die ganze Rede der Referentin war eine Kampfansage an den Nationalsozialismus.« Kurz nach deren Machtübernahme im Januar 1933 wird Pfülf sogar inhaftiert, weil sie die Weidener Arbeiterschaft gegen die neuen Machthaber aufgewiegelt hat. Kaum freigelassen, setzt sie ihren Kampf fort, wohl ahnend, dass dieser in Wahrheit längst verloren ist. Als am 23. März 1933 im Reichstag über das Ermächtigungsgesetz abgestimmt wird, das die gesetzgebende Gewalt so gut wie vollständig an Adolf Hitler übertragen soll und somit die Grundlage für die rasche Errichtung seiner Diktatur schafft, gehört Toni Pfülf zu den 94 verbliebenen Abgeordneten der SPD-Fraktion, die geschlossen gegen das Gesetz stimmen. Den Kurs der Genossen, die im Anschluss dennoch nach einem gangbaren Kompromiss mit dem Regime suchen, will sie jedoch nicht mitgehen. »Wie vieler bitterer Erfahrung bedarf es noch, bis Ihr begreift, dass wir hier missbraucht werden sollen. Seht Euch doch um! Hier sind wenig mehr als die Hälfte aller in den Reichstag gewählten Genossen versammelt. Die Führung ist im Ausland. Viele Freunde sind eingekerkert (...).«

Im gleichen Monat, in dem das Ermächtigungsgesetz erlassen wird, begleitet Toni Pfülf den SPD-Abgeordneten Rudolf Breitscheid und dessen Frau in die Schweiz ins Exil. Sie selbst entscheidet sich für die Rückkehr nach Deutschland – um den Kampf trotz allem wieder aufzunehmen, aber auch, weil die 55-Jährige bereits eine andere Art des Exils für sich plant:

den Selbstmord, den sie seit Wochen sorgfältig vorbereitet. Regelungen für ihre Beisetzung sind schriftlich festgehalten, Abschiedsbriefe geschrieben. Ihr erster Suizidversuch allerdings scheitert.

Am 17. Mai 1933, dem Tag, an dem der Reichstag mit den Stimmen der SPD die sogenannte »Friedensresolution« Hitlers verabschiedet, die scheinbar den deutschen Willen zur Abrüstung bekräftigt, in Wirklichkeit aber den ersten Schritt zum Zweiten Weltkrieg bedeutet, bleibt Toni Pfülf der Abstimmung fern, setzt sich in den Zug nach München und nimmt Schlaftabletten. »Den Weg, den die Partei heute geht, kann ich nicht mitgehen«, schreibt sie in einem Abschiedsbrief, »ich sterbe im Glauben an die sozialistische Zukunft Deutschlands und der Welt. Freiheit!« Doch auch dieser Versuch, sich selbst zu töten, misslingt.

Zwei Tage vor der nächsten Reichstagssitzung, am 8. Juni 1933, nimmt Toni Pfülf ein weiteres Mal eine Überdosis Schlaftabletten. Zwei Wochen nach ihrem Tod wird die SPD in Deutschland verboten.

> »Anderen helfen, fast bis zur Selbstentäußerung, ist ein Wesenszug ihres prächtigen offenen Charakters.«
>
> (aus einem Zeitungsartikel zu Toni Pfülfs 50. Geburtstag)

ZENZL MÜHSAM

1884 – 1962

Die meisten frühen Frauenrechtlerinnen, die im öffentlichen Gedächtnis geblieben sind, entstammen der bürgerlichen Schicht. Zenzl Mühsam jedoch – ihre Charakterstärke und Unbeugsamkeit beeindrucken bis heute – ist ein einfaches Mädchen vom Land.

Die spätere Frau des Anarchisten Erich Mühsam kommt aus einer Bauern- und Gastwirtsfamilie im niederbayerischen Haslach. Ihre Mutter, die fünf Söhne und zwei Töchter auf die Welt gebracht hat, stirbt im Kindbett, als Kreszentia Elfinger, so der Mädchenname von Zenzl Mühsam, acht Jahre alt ist. Zenzl durchläuft die übliche Volksschullaufbahn und geht um 1900 nach München, um sich dort eine Stelle als Dienstmädchen zu suchen. Der rebellische Charakter der Halbwüchsigen lässt sich schon daran erahnen, dass sie – für Dienstboten dieser Zeit äußerst unüblich – häufig die Stellung wechselt. Mit 18 bringt sie ihren Sohn Siegfried auf die Welt – für ein lediges und weitgehend mittelloses Mädchen in dieser Zeit eine Katastrophe. Um sich ihren Lebensunterhalt sichern zu können, muss sie das Kind bei ihrer Großmutter in Pflege geben.

Wenigstens mit dem Arzt, der ihre Entbindung betreut, hat die junge Frau Glück: Er nimmt sich ihrer an und macht sie mit Kunst und Literatur vertraut. Begierig saugt sie alles Neue auf, liest viel, lernt, sich eine Meinung über das politische Geschehen zu bilden, aber auch, ihrer inneren Stimme zu vertrauen. Sie taucht in die Welt der Münchner Boheme ein und verliebt sich 1908 in den Maler und Bildhauer Ludwig Engler. Da sie aufgrund der Sittengesetze nicht als seine Geliebte bei ihm leben kann, wird sie offiziell seine Haushälterin und teilt die Höhen, aber auch die finanziellen Tiefen eines Künstlerlebens.

In diesen Kreisen lernt Zenzl 1914 den Schriftsteller Erich Mühsam kennen – und ist auf Anhieb fasziniert: Als Zentralfigur der Münchner Künstler- und Literatenkreise – enge Freundschaften verbinden ihn unter anderem mit Heinrich Mann, Frank Wedekind und Lion Feuchtwanger – versucht der Lübecker Apothekersohn, der Bohemekultur auch politische Inhalte einzuschreiben. Rasch entbrennt eine feurige Liaison; 1915 heiratet das ungewöhnliche Paar. Zenzl kann nun endlich ihren Sohn zu sich holen; um eine enge Bindung zwischen sich und dem mittlerweile 13-Jährigen aufzubauen, ist es allerdings zu spät.

a Zenzl mit ihrem Mann Erich Mühsam, 1924

Friedliche Zeiten sind es nicht, in die die Hochzeit von Zenzl Elfinger und Erich Mühsam fällt: Der Anarchist, der bereits 1910 wegen Agitation und Geheimbündelei ein erstes Mal inhaftiert war, gehört zu den führenden Propagandisten, die ein Ende des Kriegs fordern sowie eine Entmilitarisierung des Landes und einen politischen Umsturz anstreben. Im März 1918 wird er deshalb aus München verbannt; erst im Herbst kehrt er in die bayerische Hauptstadt zurück. Als am 7. November in Bayern die Revolution ausbricht, marschiert das Ehepaar Mühsam gemeinsam in der vordersten Linie mit. Die Entwicklung, die der politische Umsturz im Freistaat nimmt, ist Erich Mühsam allerdings nicht radikal genug. Für kurze Zeit hofft er, gemeinsam mit dem Sozialisten Gustav Landauer und dem expressionistischen Schriftsteller Ernst Toller, im Rahmen der am 7. April 1919 ausgerufenen Bayerischen Räterepublik der Verwirklichung seiner anarchistischen Ideale näherzukommen. Doch beim nur sechs Tage später erfolgenden Palmsonntagsputsch wird Mühsam von rechten Kräften gefangengenommen und in Oberfranken interniert; auch Zenzl rechnet stündlich mit ihrer Verhaftung oder Schlimmerem. Beide überleben die Wirren des Frühjahrs 1919, Erich Mühsam allerdings wird im Juli des Jahres zu 15 Jahren Festungshaft verurteilt.

Opfer des faschistischen und stalinistischen Terrors

Der Schuldspruch bedeutet ebenso für Zenzl Mühsam weitgehende Isolation, da viele ihrer Freunde fürchten, über sie mit den Aufrührern in Verbindung gebracht zu werden. Nun setzt sie alles daran, die Freilassung oder wenigstens verbesserte Haftbedingungen für ihren Mann und seine Leidensgenossen zu erwirken. In persönlichen Briefen wendet sich Zenzl sogar an Lenin, aber auch an den päpstlichen Nuntius Pacelli und wird eine der Gründerinnen der Roten Hilfe – die Organisation unterstützt bis heute weltweit politisch Verfolgte des linken Spektrums. Am 20. November 1924 schließlich wird Erich Mühsam aus der Haft entlassen, schwer herzkrank und auf einem Ohr taub.

Der politische Kampfeswille des Ehepaars erlahmt trotzdem nicht, gegen den aufstrebenden Nationalsozialismus wenden sie sich mit aller Kraft. Als Herausgeber der Zeitschrift »Fanal« versucht Erich Mühsam, aus der linken Opposition eine gemeinsame Front gegen den heraufziehenden Faschismus zu schmieden – vergeblich. Als einen knappen Monat nach der Machtübernahme am 27. Februar 1933 der Berliner Reichstag brennt, nutzen die Nationalsozialisten dies als Vorwand, um politische Gegner wie Erich Mühsam zu verhaften. Im März wird er ins Konzentrationslager Oranienburg bei Berlin verlegt. Diesmal helfen Zenzls vehemente Bemühungen nicht: Nach 14 Monaten der Strapazen und der Folter wird Erich Mühsam im Juli 1934 ermordet.

Zenzl Mühsam gelingt es, seinen literarischen Nachlass nach Prag zu schmuggeln; von dort will die inzwischen 50-Jährige die Welt über die wahren Todesumstände Erich Mühsams in Kenntnis setzen und die Veröffentlichung seiner Dramen, Gedichte, Prosatexte und Tagebücher in die Wege leiten. Weil ihr das Moskauer Gorki-Institut ein Angebot für eine umfassende Publikation unterbreitet, übersiedelt sie 1935 nach Moskau. Doch die Verhandlungen ziehen sich fast ein Jahr hin. Als sie kurz vor dem Abschluss stehen, setzen die stalinistischen Säuberungen ein. Auch Zenzl Mühsam gerät in die Fänge von Stalins Terrorapparat. Zwischen 1938 und 1954 wird sie dreimal inhaftiert, unter Folter verhört und in verschiedene sibirische Straflager deportiert. Anders als mancher aus Deutschland nach Russland geflohener Angehörige der politischen Linken – darunter auch so prominente Köpfe wie der spätere SPD-Vorsitzende Herbert Wehner, der zu denen gehört, die Zenzl Mühsam denunzieren – bleibt die Bauerstochter trotz aller Drangsale standhaft und verrät nicht einmal die Namen ihrer nach Moskau geflohenen Bekannten.

1955, im Alter von 71, darf Zenzl Mühsam nach nahezu 17 Jahren Gefangenschaft in die Deutsche Demokratische Republik ausreisen, wo sie sich erhofft, endlich die Publikation von Erich Mühsams Werk erwirken zu können. Als Preis für das Visum in die DDR, für eine kleine Wohnung in Berlin-Pankow und eine Ehrenrente, die ihr ein bescheidenes Leben ermöglicht, muss sie, wie auch viele andere deutsche Opfer des Stalinismus, über alles, was ihr in der Sowjetunion widerfahren ist, absolutes Stillschweigen bewahren. Die Veröffentlichung vom Werk ihres Mannes gelingt auch diesmal nicht: Widerstrebend und unter Vorspiegelung falscher Tatsachen lässt sich Zenzl Mühsam überreden, die Urheberrechte der Ostberliner Akademie der Künste zu übertragen. Angeblich soll dies die Publikation erleichtern; in Wahrheit kann der Staat die als immer noch brandgefährlich erachteten Schriften auf diese Weise vor dem Auge der Öffentlichkeit verwahren. Immerhin gelingt es der nach den entbehrungsreichen Jahren in den Straflagern inzwischen Schwerkranken durchzusetzen, dass 1958 eine schmale Auswahl der Gedichte ihres Mannes in der DDR erscheinen darf. Die Veröffentlichung seiner fulminanten, einen einzigartigen Einblick in die Zeit zwischen 1910 und 1924 gewährenden Tagebücher erlebt die 1962 verstorbene Zenzl Mühsam nicht mehr. Sie erfolgt nach einem in Ost- wie in Westdeutschland seit den 1970er-Jahren neu erwachten Interesse an Erich Mühsam als übergreifendes Projekt von DDR und BRD in den 1980er-Jahren.

JULIE MEYER

1897 – 1970

Junge Menschen über eine Lehrtätigkeit, Netzwerke und Zeitschriften an ein offenes politisches Denken heranzuführen – dieser Aufgabe widmet sich die Nürnberger Soziologin Julie Meyer ein Leben lang.

Geboren kurz vor der Jahrhundertwende als Tochter eines jüdischen Bankiers, nutzt sie alle Chancen, die sich jungen Frauen ihres Standes und ihrer Generation bieten, seit 1903 erstmals auch Frauen an Bayerns Universitäten zugelassen sind. Sie besucht die Städtische Höhere Mädchenschule und beginnt im Wintersemester 1917/18 ein Soziologie-, Jura-, Wirtschafts- und Geschichtsstudium in München. Dort lehrt Max Weber, der wohl einflussreichste Sozialwissenschaftler dieser Zeit.

1920 vereinbart die engagierte Studentin mit dem von ihr bewunderten Professor noch das Thema ihrer Doktorarbeit, die Entstehung des Patriziats in Nürnberg, doch als Max Weber im Sommer 1920 stirbt, kehrt die junge Frau nach Franken zurück und promoviert schließlich an der Universität Erlangen.

Ab 1922 arbeitet sie als Dozentin an der Nürnberger Volkshochschule, ab 1927 auch an der gerade gegründeten Sozialen Frauenschule und gibt dort Kurse in Recht, Wirtschaft und Soziologie. Klassische Frauenthemen allerdings stehen nur selten auf ihrer Agenda. Lieber behandelt sie die Geschichte der Demokratie oder ganz aktuelle Fragestellungen aus Politik und Wirtschaft. »Regierung, Parlament und Parteien im heutigen Deutschland«, »Die Entstehung des modernen Kapitalismus« oder »Europa zwischen Mussolini und Lenin« sind nur einige Themen ihrer gut besuchten Lehrveranstaltungen.

Um 1920 wird Julie Meyer auch Mitglied der linksliberalen Deutschen Demokratischen Partei (DDP) und gibt gemeinsam mit dem Nürnberger Otto Stündt das Monatsblatt »Echo« der deutschen demokratischen Jugendvereinigungen heraus. Die ursprünglich nur für Nordbayern konzipierte Zeitschrift wird rasch so erfolgreich, dass sie deutschlandweit erscheint und 1922 in »Echo der jungen Demokratie« umbenannt wird.

Als sich Ende des Jahrzehnts die politischen Auseinandersetzungen verschärfen und auch in der DDP antisemitische und rechts orientierte Tendenzen spürbar werden, gehört Julie Meyer zu denen, die diesen Kurs nicht mittragen. Im Sommer 1930 zählt sie in Nürnberg zu den Mitbegründer*innen der Vereinigung Unabhängiger Demokraten, bald darauf zudem der Radikaldemokratischen Partei. Auch die Echo-Zeitschrift folgt dieser Positionierung, öffnet sich Dissidenten und Pazifisten und nennt sich ab Frühjahr 1932 »Demokratisches Echo«. Dennoch sind die Tage des Monatsblatts gezählt: Nach der Machtübernahme der Nationalsozialisten muss es sein Erscheinen einstellen.

> »Deswegen sollen die Frauen nicht heraus aus der Politik sondern hinein, kämpfend (...) gegen den Krieg, das heißt gegen den Tod, für den Frieden, das heißt, für das Leben!«
>
> (aus: »Frauen erwacht«, 1931/1)

Der immer stärker werdenden Diskriminierung von Juden und antisemitischer Propaganda stellt Julie Meyer sich schon früh entgegen, geht als Leiterin der Nürnberger Geschäftsstelle des Central-Vereins deutscher Staatsbürger jüdischen Glaubens rechtlich und medial dagegen vor. Als sie 1933 aus dem öffentlichen Dienst entlassen wird und ihre Lehrtätigkeit deshalb nicht fortführen kann, übernimmt sie die Leitung der Nürnberger Beratungsstelle der Reichsvertretung deutscher Juden, die sich bemüht, durch Selbsthilfe und Spenden aus dem Ausland die Begleiterscheinungen der wachsenden Ausgrenzungen abzufangen, trotz Repressalien ein Schulwesen zu organisieren und Emigrationspläne zu unterstützen.

Als auch ihre eigene Situation immer bedrohlicher wird, gelingt der unerschrockenen Wissenschaftlerin die Emigration in die USA. Doch der Neustart in New York ist holprig: In der Stadt gibt es zahllose arbeitslose Akademiker und Flüchtlinge, eine Stellung bei einem College oder einer Institution für Erwachsenenbildung zu bekommen, scheint aussichtslos. Doch dann verschafft ihr eine aus Deutschland emigrierte Wirtschaftswissenschaftlerin ein Stipendium als Forschungshilfskraft an der renommierten New School for Social Research, an der zahlreiche aus Europa emigrierte Dozenten lehren. Ihr Weg bleibt allerdings schwierig. Erst neun Jahre später wird sie als Assistenzprofessorin für Soziologie und Ökonomie berufen, eine Stelle, die ihr endlich ein solides Auskommen sichert; 1947 schließlich wird sie ordentliche Professorin. Dasselbe Jahr beschert ihr auch privates Glück: Sie heiratet den ebenfalls aus Nürnberg emigrierten Julius Frank, den sie noch aus ihrer Zeit in der Deutschen Demokratischen Partei kennt. Durch ihn hält sie, obwohl sie sich 1945 gegen eine Rückkehr in ihr Heimatland entscheidet, auch weiter Kontakt zur deutschen Politik. Sie ist nun Schwägerin des FDP-Politikers Thomas Dehler, was wiederum den Kontakt zu dem ehemaligen DDP-Politiker und ersten Bundespräsidenten der jungen Bundesrepublik, Theodor Heuss, belebt – »die überkluge Julie Meyer aus Nürnberg« soll dieser sie einmal genannt haben. Auch ihrer Heimatstadt bleibt sie eng verbunden. So wird sie, als sie 1970 stirbt, nicht in New York, sondern in Nürnberg beerdigt. In ihrem letzten Willen hatte sie verfügt, dass ihre Asche auf dem dortigen Israelitischen Friedhof beigesetzt wird.

EXPERTINNEN FÜR GASTRONOMIE UND GENUSS

F.A.K.

Während sich Frauen in vielen wirtschaftlichen und gesellschaftlichen Bereichen ihren Platz erst erkämpfen mussten, gibt es eine sich seit dem frühen 19. Jahrhundert stets erweiternde Welt, die ohne ihr Wirken kaum denkbar gewesen wäre: die der Biergärten, Brauerei-Wirtschaften und Gaststätten. Das Brauwesen entwickelt sich damals zum führenden Wirtschaftszweig der Stadt. Anfang des 20. Jahrhunderts stehen dort so viele Menschen in Lohn und Brot wie in keinem anderen Gewerbe; die Gastronomie folgt in der Rangliste der Arbeitgeber auf Position sieben, noch vor Handel, Verkehr oder Banken. Denn der Bierausschank auf den mit flachwurzelnden Kastanien bepflanzten Flächen mit den darunter liegenden kühlen Bierkellern, und die ab etwa 1870 entstehenden gewaltigen Bierpaläste werden zu wahren Schmelztiegeln der Münchner Gesellschaft. Hier finden sich großbürgerliche und adelige Herrschaften ebenso ein wie Handwerker, gutverdienende Arbeiter oder Künstler, Literaten und Intellektuelle. Biergärten und -paläste gehören, neben der Möglichkeit, sich als Dienstmagd zu verdingen, zu den wenigen Institutionen, wo Frauen aus niedrigeren Schichten – egal, ob vom Land in die Stadt gekommen oder in München geboren – leicht Arbeit finden. Das Bedienungspersonal ist sogar so gut wie vollständig weiblich, meist angeleitet von einer Wirtin, die hier zumindest in einem gewissen Maß eigenverantwortlich handeln darf.

Schon in den frühen Jahren des 19. Jahrhunderts ist die Bedienung so etwas wie die Visitenkarte einer Gastwirtschaft. So schreibt ein Schriftsteller und Theaterintendant August Lewald bereits 1835 in seinem »Panorama von München«: »… diese sinnlichen, ehrlichen, gutmüthigen, heitern, freien, ungenierten, liebevollen, ergebenen Wesen! (…) die Kellnerinnen in München besitzen Bildung und Menschenkenntniß. Für das erste zeugt, dass sie Saphir's Schriften und die Landbotin lesen, für das zweite, die Art und Weise, wie sie mit den Gästen umgehen (…) welche Aufmerksamkeit ohne Gränzen, welche Bedienung, welche Höflichkeit, welche holdseligen Redensarten! (Sie) sind ein schöner Menschenschlag von 16 bis 50 Jahren. Älter werden sie nur selten angetroffen. Junge Jahrgänge werden besonders geliebt. In ihrer Kleidung lieben sie die hellen Farben, sie ist nach der üblichen Mode zugeschnitten, das Riegelhäubchen darf nicht fehlen. Aus alten Kellnerinnen werden oft Caffeewirthinnen oder Haushälterinnen bei Hagestolzen gemacht. Im ersten Falle bewahren sie ihre frühere Liebenswürdigkeit, im Letztern sollen sie ihren Character verändern.«

Tatsächlich bietet der Kellnerinnenberuf, verglichen etwa mit dem Dienstbotendasein, vielen Frauen recht gute Perspektiven. Es gibt, von der Hilfskellnerin über die »richtige« Bedienung bis zur Wirtin, gewisse Aufstiegsmöglichkeiten. Zudem kommen sie mit einer Vielzahl besser gestellter Männer in Kontakt und haben somit zumindest den Hauch einer Chance auf eine unerwartet gute Partie. Dieser Traum allerdings erfüllt sich nur in seltenen Fällen – Sophie Dallmaier ist ein Beispiel dafür, die als Kellnerin im illustren Ausflugslokal »Isarlust« ihren späteren Mann, den Augustiner-Erben Max Wagner kennenlernt. Oder Coletta Möritz, eine Bedienung im Künstlerlokal »Sterneckerbräu«, die von Franz von Kaulbach als kesse »Schützenliesl« verewigt wird und mit 22 den Großgastronomen Franz Xaver Buchner heiratet.

Kaulbachs auf eine Schießscheibe gemaltes Bild von der »Schützenliesl«, das man noch heute im Augustiner Schützengarten in München-Sendling bewundern kann, lässt allerdings auch erahnen, dass das Dasein einer Kellnerin im ausgehenden 19. Jahrhundert in Wahrheit alles andere als ein Zuckerschlecken ist: Die Arbeitszeiten sind völlig ungeregelt und betragen nicht selten 14 bis 19 Stunden am Tag – an sechs bis sieben Tagen pro Woche. Denn die Wirtshäuser öffnen bereits zwischen fünf und sieben Uhr morgens und schließen – sofern die Wirte findig genug sind, die Sperrstundenregelungen zu umgehen – oft erst nach Mitternacht. In dieser Zeit schleppen die Frauen unablässig ungeheure Gewichte: eine Vielzahl mit Essen beladene Teller, vor allem aber Bier. Selbst die tänzerisch auf dem rollenden Fass balancierende »Schützenliesl« trägt in beiden Händen acht mit Bier gefüllte Keferloher, die zusammengerechnet gut und gern 20 Kilo auf die Waage bringen. Die Entlohnung der Kellnerinnen ist minimal bis nicht existent, weil sich die Wirte auf die zusätzliche Einnahmequelle der Bedienungen durch das Trinkgeld berufen. Und die meist in der Stellung inbegriffene freie Kost und Logis beinhaltet in Wahrheit Massenunterkünfte und eine aus Essensresten zusammengerührte Mahlzeit.

Kellnerinnen organisieren sich

Hinzu kommt, dass das Gros der Gäste ständig betrunken ist. Der um 1900 registrierte Bierkonsum beträgt mehr als das Fünffache der heutigen Menge, die meisten Wirtshausgänger fangen bereits bei Sonnenaufgang, vor dem Arbeitstag, zu trinken an und setzen ihren Bierkonsum bei Frühschoppen, Mittag- und Abendessen fort. Nicht wenige trinken täglich an die acht Liter Bier. Vor allem junge Kellnerinnen können sich gegen Übergriffe ihrer angeheiterten Kundschaft kaum zur Wehr setzen, haben vielleicht aber auch gar keine andere Möglichkeit, als mit gelegentlichen »Gefälligkeiten« die eigene finanzielle Notsituation zu lindern.

Immer wieder versuchen Frauenvereine, den Kellnerinnen zu helfen – beispielsweise ist deren Situation ein Programmpunkt beim Ersten Allgemeinen Bayerischen Frauentag 1899. Ein Jahr später gründen 200 Bedienungen gemeinsam mit Unterstützerinnen aus der Frauenbewegung eine Interessenvertretung, den Münchner Kellnerinnenverein. Doch es dauert noch bis weit nach dem Ersten Weltkrieg, bis sich deren Situation tatsächlich zu verbessern beginnt. Umso erstaunlicher ist es, dass es gerade in diesem Bereich tatsächlich auch immer wieder Frauen gibt, denen es gelingt, ihr Schicksal selbst in die Hand zu nehmen.

»Diese sinnlichen, ehrlichen, gutmüthigen, heitern, freien, ungenierten, liebevollen, ergebenen Wesen! (...) welche Aufmerksamkeit ohne Gränzen, welche Bedienung, welche Höflichkeit, welche holdseligen Redensarten! (Sie) sind ein schöner Menschenschlag.«

(August Lewald, »Panorama von München«, 1835)

THERESE WAGNER

1797 – 1858

Tatkräftig mit einem Ehemann zusammen etwas aufzubauen: So sieht der Lebensplan der Freisinger Müllerstochter Therese Brunner aus. Im Alleingang eine große Münchner Brauerei durch eine Zeit zu steuern, in der sich der komplette Prozess des Bierbrauens industrialisiert – das kommt in den Träumen eines jungen Mädchens im frühen 19. Jahrhundert eher nicht vor.

Zunächst läuft alles nach Plan: Therese heiratet den Wirtssohn Anton Wagner aus Attaching am Rand des Erdinger Mooses, übernimmt mit ihm eine kleine Brauerei mit Gasthaus in Freising, bewirtschaftet ein nahegelegenes Landgut, bringt drei Söhne und eine Tochter zur Welt. Dann, 1829, wittert das geschäftstüchtige Ehepaar die große Chance: Das Braurecht der mitten in München gelegenen Augustinerbrauerei, zu der im Stammhaus in der Neuhauser Straße auch eine ausgedehnte Wirtschaft gehört, wird neu vergeben. Die Wagners bewerben sich – und bekommen tatsächlich den Zuschlag.

Dies bedeutet ungeahnte Möglichkeiten – aber auch eine erhebliche Herausforderung: Der Biermarkt in München ist hart umkämpft; gute Qualität kann zwar Absatz und Kundschaft sichern, nicht aber auf den Preis umgelegt werden. Denn der ist von staatlicher Seite vorgeschrieben.

Umso größer ist der Wettlauf, mittels technischer Innovationen die Produktion zu verbilligen oder den Ausstoß zu erhöhen – idealerweise beides zugleich. Schon Ende der 1820er-Jahre hält die Dampfkraft in den ersten Brauereien Einzug, 1842 führt die Paulaner Brauerei eine Heißluftdarre ein. Das Gewerbe der Bierbrauer gehört zu jenen, deren Produktionsprozess im Lauf des 19. Jahrhunderts einem besonders großen Wandel unterworfen sind. Kleinere Betriebe, die schon aus finanziellen Gründen mit diesem galoppierenden Fortschritt nicht mithalten können, müssen nicht selten aufgeben. Vor diesem Hintergrund bedeutet der frühe Tod Anton Wagners im Sommer 1844 für die Hinterbliebenen eine komplette Katastrophe.

Den Gepflogenheiten der Zeit entsprechend erwarten nun alle, dass Therese Wagner die Geschäfte an ihren ältesten Sohn Josef übergibt, doch dieser scheint ihr mit seinen noch nicht einmal 25 Jahren zu jung, um sich auf diesem schwierigen und umkämpften Terrain zu behaupten.

Da sie ihrem Mann in vielen Geschäftsbereichen zur Hand gegangen ist, entschließt sich die unerschrockene Witwe stattdessen, die Geschäfte selbst zu führen, auch wenn sie sich bei den Zulieferern, vor allem aber bei den sie schneidenden Kollegen im Münchner Brauerbund erst einmal Respekt verschaffen muss.

Dies gelingt ihr spätestens im Folgejahr, als sie, die Zeichen und Notwendigkeiten der Zeit erkennend, den benachbarten Unterkandlerbräu übernimmt, um die Augustinerbrauerei und auch das angeschlossene Wirtshaus zu vergrößern. Zügig nimmt sie weitere Umstrukturierungen in Angriff. 1852 beginnt auch Therese Wagner, den Brauvorgang sukzessive von einem rein handwerklichen in einen maschinengestützten Prozess zu überführen. Sie lässt auf den durch den Zukauf des Unterkandlerbräu vergrößerten Flächen ein modernes Sudwerk mit Dampfmaschine und Dampfkessel aufstellen und hält damit den Anschluss an die großen Münchner Brauhäuser. Und sie erkennt zum einen, dass diese technisierten Produktionsprozesse rasch noch mehr Platz benötigen dürften, und zum anderen, dass die Ende der 1840er-Jahre in München eingeführte Eisenbahn für den Bierverkauf in Zukunft eine wichtige Rolle spielen wird. Als 1857 weit vor der Stadt, aber in kurzer Distanz zu Eisenbahngleisen und Bahnhof, das Gelände des Butlerkellers an der Landsberger Straße zum Verkauf steht, schlägt sie zu. Den Umzug der Brauerei ins Westend erlebt sie nicht mehr. Doch als die umtriebige Bräuin 1858 nach einem Schlaganfall stirbt, hat sie durch ihr kluges und visionäres Handeln den Fortbestand des Augustiner Bräu über Generationen hinaus gesichert.

KATHI KOBUS

1854 – 1929

Manchmal konnte aus eigener Kraft der Aufstieg aus misslichsten Verhältnissen und beschwerlichem Kellnerinnen-Dasein zur erfolgreichen Wirtin gelingen. Dies beweist das Leben der bis heute legendären Kathi Kobus.

Die Tochter eines etwas zwielichtigen Traunsteiner Pferdehändlers, in ihrer Heimatstadt nicht nur wegen ihrer roten Haare als wilde »Kobus-Füchsin« bekannt, wird als junges Mädchen ledig schwanger. Der Kindsvater setzt sich ins Ausland ab; Kathi flieht vor ihrem tobenden Vater nach München. Zwar stirbt ihr Sohn vier Monate nach der Geburt, dennoch beschließt sie, nicht nach Hause zurückzukehren, sondern in der aufstrebenden Großstadt ihr Glück zu suchen. Sie hält sich als Bedienung über Wasser, betreibt ein Fleisch- und Wurstwarengeschäft in der Sendlinger Straße, dann einen »Delikatessenhandel im Kleinen« in der Orlandostraße und wird schließlich Wirtschafterin einer Gaststätte am Lenbachplatz.

Ihre eigentliche Berufung entdeckt sie erst mit Mitte 40: Im Jahr 1901 versteckt sie die langsam ergrauenden Haare unter einer schwarzen Perücke und wechselt, ebenfalls als Wirtschafterin, in eine Kneipe am Rande Schwabings, die »Dichtelei« in der Türkenstraße. Hier trifft sich kein gutsituiertes, sondern ein eher klammes, dafür aber umso kreativeres und querköpfigeres Publikum: Studenten und Schauspieler, junge Maler der eben gegründeten Secession und avantgardistische Schriftsteller, die einen ausgeprägten Hang zum Theater, zum Kabarett und zur volkstümlichen Brettlbühne haben. Dieses Klima ist wie geschaffen für Kathi Kobus mit ihrer bodenständigen Herzlichkeit, ihrem Verständnis für alle, die sich ihren Lebensweg außerhalb der bürgerlichen Normen suchen, ihrer Geschäftstüchtigkeit und ihrer Kunst, selbst einen ganz gewöhnlichen Abend in ein ausgelassenes Fest zu verwandeln.

Einer der Stammgäste in der »Dichtelei« ist der Avantgardist und Literat Erich Mühsam (siehe auch S. 55). In seinen »Unpolitischen Erinnerungen« gibt es manch anschauliches Zeugnis, wie es in den Kneipen von Kathi Kobus so zugeht: »In der ›Dichtelei‹ machte ich die Bekanntschaft Frank Wedekinds, und zwar auf nicht ganz salonfähige Art. Wir kannten uns vom Sehen und kamen an verschiedene Tische zu sitzen. Erst da, wohin der Zufall die Gäste einer Wirtschaft manchmal gleichzeitig hinaustreibt, kamen wir nebeneinander zu stehen, wobei Wedekind mit einer höflichen Verbeugung seinen Namen nannte und ein Gespräch begann ...« Wie Mühsam bemerkt, wird die Kneipe rasch zu einem Treffpunkt von »vagabundierendem Künstlertum und an keine Zeremonien gebundener Fröhlichkeit aller Art Außenseiter.«

Vorschriften und Sperrstunden interessieren Kathi Kobus nur bedingt, die illustren Gäste, aber auch das Auftreten der ledigen Wirtin und ihrer Bedienungen rufen nicht nur einmal die Polizei auf den Plan. Immer wieder wird mit Entzug der Konzession, gar mit einer Freiheitsstrafe gedroht, doch der ebenso charmanten wie resoluten Frau gelingt es wiederholt, sich auch aus schwierigen Situationen herauszuwinden: »In dem ganzen Vorgehen meiner Feinde gegen mich scheint ein System zu liegen«, heißt es etwa in einem ihrer Verteidigungsbriefe an den Stadtmagistrat. »Dass in meinem Lokale ein Anarchist verkehrt hätte, ist möglich; es wird wahrscheinlich Herr Mühsam sein, ich habe davon aber nie etwas gemerkt, denn er hat sich stets ruhig und anständig betragen. Also hatte ich auch kein Recht ihm die Thüre zu weisen. ...«

Ihr komplettes diplomatisches Geschick ist gefragt, als sie im April 1903 nach nicht abebbenden Auseinandersetzungen mit dem Vermieter der »Dichtelei« beim Gewerbeamt wegen einer neuen Konzession vorspricht, diesmal für die ehemalige Weinwirtschaft »Zum Kronprinz Rudolf«, zwei Häuserblocks von der »Dichtelei« entfernt. Wie es ihr gelingt, trotz allem, was gegen sie vorliegt, die Genehmigung zu erhalten, ist nicht überliefert. Auf alle Fälle aber darf Kobus am 1. Mai ihr neues Lokal eröffnen. Der Umzug ist eine Schwabinger Legende – und verrät viel darüber, wie Kathi Kobus ihre Gäste zu motivieren und an sich zu binden wusste: »Wir alle waren vollzählig versammelt. Galt es doch, in einem grotesken Umzug ohnegleichen, ohne Möbelwagen, alles, was die ›Dichtelei‹ enthielt – außer Wänden und Mauern – in das neue Lokal hinüberzuschaffen«, beschreibt der Dichter René Prevot den Vorgang. »Mit brennenden Kerzen setzte sich der Zug in Bewegung. Wedekind mit der Gitarre voran, hinterdrein marschierten wir anderen mit Tischen und Stühlen, Theke und Weinregalen, Eisschrank und Vorräten... Mit einem ausgiebigen Fest wurde die Kathi und ihre ›Neue Dichtelei‹ gefeiert.«

Ganz so leicht, wie Kathi Kobus es gern gehabt hätte, gibt sich der Vermieter der »Dichtelei« allerdings nicht zufrieden: Per Gerichtsbeschluss fordert er diverse Einrichtungsgegenstände, vor allem aber den Namen »Dichtelei« zurück. Der Coup, den Kobus daraufhin landet, ist nicht weniger legendär als der Umzug: Gegen eine erhebliche »Sektspende« schwatzt sie Rudolf Wilke, Zeichner bei der seit 1896 erscheinenden Satire-Zeitschrift »Simplicissimus« die Erlaubnis ab, diesen Namen auch für ihre Kneipe benutzen zu dürfen – inklusive Thomas Theodor Heines rotem »Simplicissimus«-Hund als Erkennungszeichen. Der Verleger Albert Langen schäumt; schließlich hat Wilke für eine derartige Zusage überhaupt keine Befugnis. Von der nun folgenden Unterredung berichtet Kathi Kobus selbst: »Ich bin sehr ungnädig von ihm empfangen worden. Aber da hab ich mich auf die Knie gschmissn und hab g'sagd: ›Herr Langen‹, hab i g'sagd, ›Herr Langen, Sie müssen mir den Namen lassen, ich hab scho' alle Schilder bestellt, machen Sie mich nicht unglücklich!‹ Er hat zerschd bloss gschaud und überlegd, und dann hod er gmoand: ›Hol dich der Teufel‹ – des war seine Erlaubnis.«

Was folgt, ist ein zentraler Bestandteil des Mythos Schwabing: Animiert von der Wirtin, die zum Auftakt mit eher mäßiger Begabung G'stanzln zum Besten gibt, treten auf der Bretterbühne, gegen ein Glas Bowle oder ein Abendessen, Dichter und Sänger der Schwabinger Avantgarde auf; Hans Gustav Bötticher alias Ringelnatz wird Hausdichter; Malern, die ihre Zeche nicht bezahlen können, nötigt die Kobus Bilder ab, die sie dicht an dicht in ihr Lokal hängt. Gern stellt sie sich selbst als Mäzenin dar – was sie in Wirklichkeit niemals war. Die Anziehungskraft ihrer teilweise bereits prominenten Gäste macht die relativ schmalen Ausgaben für deren Honorare oder Freigetränke spielend wett, und bei den in Zahlung genommenen Bildern kalkuliert sie deren potenzielle Wertsteigerung mit ein. Bei allem Geschäftssinn finanziert sie aber doch die Beerdigung und Grabpflege, als einer ihrer Stammgäste, der slowenische Maler Anton Ažbé, 1905 mittellos stirbt; an Ažbés bekannter privaten Kunstschule studierten unter anderem Alexej Jawlensky und Wassily Kandinsky.

Ruhelos bis ans Ende

Resolut führt Kathi Kobus ihr Lokal durch die lebhaftesten Jahre der Schwabinger Boheme, erkennt aber auch klug den Zeitpunkt, an dem der Zenit des »Simplicissimus« erreicht ist: 1909 kauft sie ein Ausflugslokal in Wolfratshausen und nennt es »Kathis Ruh«. 1911, mit 57, zieht sie sich aus der Künstlerkneipe zurück.

Die ländliche Ruhe Wolfratshausens allerdings wird der umtriebigen Wirtin rasch zu ruhig. 1915 eröffnet sie ein Weinlokal in Heidelberg, das sie bereits 1917 – der fortdauernde Erste Weltkrieg fordert sein Tribut – wieder schließen muss. Als Angestellte kehrt sie in den »Simplicissimus« zurück und verkauft 1920 ihr während des Kriegs als Verwundetenheim zweckentfremdetes »Kathis Ruh« – eine fatale Entscheidung. Denn von ihrem stattlichen Vermögen bleibt ihr nach der Hyperinflation von 1923 nur ein kläglicher Rest. Und doch hat es nicht nur finanzielle Gründe, dass Kathi Kobus im »Simplicissimus« nicht aufhören kann – ohne den Rummel fühlt sich die Wirtin verloren, auch wenn sie in diesen Jahren nur noch ein Schatten ihrer selbst ist. »Ihre Welt war dahin. Sie hat sie um eine Reihe von Jahren überlebt«, beschreibt der Schriftsteller Rudolf Schneider-Scheide ihre nun durchaus tragische Gestalt. Ihr »Abgang« aber verläuft noch einmal genau so, wie es dem Mythos Kathi Kobus entspricht. Im Fasching 1929 zieht die 74-Jährige so gut wie jede zweite Nacht bis zum Morgengrauen um die Häuser, stürzt aber beim Nachhausekommen eines Morgens die Treppe hinunter. Im darauffolgenden Juni zieht sie sich zudem wegen einer verdorbenen Hummermayonnaise eine Lebensmittelvergiftung zu und wird ins Schwabinger Krankenhaus eingewiesen. Anfang August entlässt sie sich selbst: »Schau, es is doch scho anders. Seid i wieda dahoam bin, geds ma bessa«, soll sie zu ihren Besuchern gesagt haben. »Im Spidol is draurig, da hearst koa Vogerl singa.« Wenig später ist sie tot. Da sie selbst keinerlei Vermögen mehr besitzt, wird sie im Grab von Anton Ažbé beigesetzt.

> »Nun stimmet an mit frohem Sinn /
> und brüllt aus vollem Leibe /
> Das Lied der Kathi Kobusin /
> Und ihrer Künstlerkneipe«
>
> (Joachim Ringelnatz, »Simplicissimus«-Lied)

THERESE RANDLKOFER

1847 – 1924

Witwen, die in einem ererbten Betrieb den Grundstein für dessen spätere Aufstieg zur Weltfirma legen, gibt es im Münchner Gast- und Genussgewerbe mehrfach. Auch hinter dem heutigen Image des Genussmekkas »Dallmayr« steht letztlich eine tatkräftige und geschäftstüchtige Frau, die die Zeichen ihrer Zeit früh erkennt und sich zu Nutze macht: Therese Randlkofer.

Als sie und ihr Mann 1895 das Geschäft in der Dienerstraße kaufen, das zuvor von dem Wolnzacher Kaufmann Alois Dallmayr geführt wurde, ist es ein überschaubarer Lebensmittelladen. Ein paar Kolonialwaren, einige Südfrüchte, die seit 1869 dank der Bahnlinie über den Brenner halbwegs frisch aus Italien ankommen – mehr Exotik gibt es selbst für gut Betuchte nicht; sie wird auch gar nicht verlangt. München mag längst zur europaweit bedeutenden Kunststadt avanciert sein, eine Stadt der Feinschmecker ist das Isar-Athen noch lange nicht. »Die sogenannte Münchner Küche? Wer lachte da nicht?«, schreibt der Gastronomiekritiker August Rollinger verstimmt in seiner 1907 erschienenen Schmähschrift »Münchens Schattenseiten«. Denn die recht wohlhabenden Städter essen Fleisch von früh bis spät – Innereien gerne als pikantes Frühstück oder Voressen, Kalbsbraten unterschiedlichster Spielart zur Hauptspeise, abends dann kommen Würste auf den Tisch. Immerhin ist der Konsum insofern nachhaltig, als selbst in den besten Kreisen das ganze Tier verwertet wird; viel Abwechslung jedoch, etwa durch Hinzunahme von Gemüse oder Gewürzen jenseits von Kümmel und Muskat, bietet der Speiseplan kaum.

Und doch regt sich gegen Ende des 19. Jahrhunderts eine gewisse kulinarische Neugier. Der immer weiter fortschreitende Ausbau der Eisenbahn macht Köstlichkeiten aus der Ferne besser zugänglich und langsam aber sicher auch zu Renommierobjekten bei den Dinners von Adel und Großbürgertum. Die Nachfrage bei Dallmayr beginnt sich gerade zu verstärken, als Anton Randlkofer nur zwei Jahre nach Übernahme des Geschäftes stirbt.

Nach einem kurzen Moment des Schocks entschließt sich Therese Randlkofer unter verblüfftem Augenreiben der Konkurrenz, selbst die Geschäftsführung zu übernehmen. Und sie entwickelt rasch eine kluge

Strategie. Sie will sich spezialisieren, ein Sortiment aufbauen, das vor allem die adelige und großbürgerliche Gesellschaft anspricht. Doch um diese als Stammkunden an sich zu binden, genügt ein breites, erstklassiges Angebot alleine nicht, nötig ist der Glanz eines Hoflieferantentitels. Und um ein möglichst weites Kundennetz zu knüpfen, will sie sich nicht nur mit einem solchen Titel schmücken, sondern mit möglichst vielen. Den ersten verleihen ihr bereits 1898 die Prinzen Alfons und Ludwig Ferdinand von Bayern, europäische Fürstenhäuser folgen, 1916 sogar der Berliner Kaiserhof. 1919 stehen nicht weniger als zehn Hoflieferanten-Titel auf dem Briefkopf des Delikatessenhauses.

Um die immer exquisiter werdende Klientel bei der Stange zu halten, vergrößert Therese zudem das Warensortiment und sucht nach neuen und besonderen Qualitäten, um verwöhnte Gaumen zu entzücken: Fleisch von französischen Lämmern, die auf Salzweiden direkt am Meer gestanden hatten. Russische Bärentatzen. Oder Vorfrühlings-Kirschen, die von speziellen kleinen Bäumchen geerntet werden. 1906 kauft sie das Gut Goldlachhof bei Ismaning, um dort Geflügel und Gemüse zu züchten und besonders wohlschmeckenden Honig zu produzieren.

Ab 1900 nimmt Therese Randlkofer bauliche Erweiterungen in Angriff, kauft bis 1912 drei Nachbaranwesen dazu und lässt das Geschäft im Wesentlichen in jene Gestalt versetzen, die den Kunden auch heute noch vertraut ist. Die Verkaufshalle bekommt ihre Säulen und Gewölbe und der Krebsbrunnen zur Präsentation von Flusskrebsen wird installiert. Siebzig Mitarbeiter*innen sind vor und hinter den Kulissen mit der Befriedigung der Wünsche ihrer elitären Kundschaft beschäftigt.

Das Ende des Ersten Weltkriegs allerdings bedeutet auch das Ende dieser ersten glanzvollen Ära des Delikatessenhauses: Mit dem Fall der Monarchie und der galoppierenden Inflation der Jahre bis 1923 verschwindet die Stammkundschaft. Therese, die die Geschäfte bereits 1919 an ihre Söhne Fritz und Hermann übergeben hat, stirbt 1924; ihre beiden ältesten Söhne folgen ihr nur wenige Jahre später nach. Das Delikatessenhaus übernimmt schließlich der für diese Rolle nie vorgesehene jüngere Bruder, der 1883 geborene Paul Randlkofer – ihm wird es gelingen, das renommierte Haus bis in die 1950er-Jahre durch weitere schwere Zeiten zu führen.

DIE FRAUEN VOM LUITPOLD-BLOCK

Feenpalast«: Schon der Spitzname, den das Café-Restaurant Luitpold bald nach seiner Eröffnung am 1. Januar 1888 erhält, lässt ahnen, dass in dem prunkvollsten Kaffeehaus der Stadt München nicht unbedingt nur Männer die Hauptrolle spielen – auch wenn es üblicherweise erst einmal Männer waren, die diesen überaus repräsentativen Bau ersannen.

Bereits 1812 hatte der Techniker, Unternehmer und spätere zweite Bürgermeister Joseph von Utzschneider das Grundstück am damaligen, die Residenz mit Schloss Nymphenburg verbindenden Fürstenweg erworben und mit einem imposanten klassizistischen Gebäude bebauen lassen. Dreiundsiebzig Jahre später – aus dem Fürstenweg war zu Ehren der bayerischen Soldaten, die 1814 in der Schlacht von Brienne-le-Chateau ihren Teil zum Sieg über Napoleon beigetragen hatten, längst die Brienner Straße geworden – erwarb der Entrepreneur und Grundstücksspekulant Heinrich Theodor Hoech das Anwesen an Münchens erster Prachtstraße. Und er hatte eine kühne Idee: Nach Vorbildern wie dem prunkvollen Café Central in Wien oder dem mondänen, direkt an der neu gebauten Pariser Oper gelegenen Café de la Paix sollte auch München ein Kaffeehaus bekommen, in dem sich jeder Gast fühlte, als weile er bei einem Fürsten. Entsprechend eindrucksvoll sind die Pläne, die der Architekt Otto Lasne für den Umbau des klassizistischen Komplexes erarbeitet: Zwar bleiben die Grundstruktur des Gebäudes und auch die bereits bestehenden Ladengeschäfte im Erdgeschoss erhalten, doch wird der Komplex um eine Etage aufgestockt, bekommt eine Prunkfassade im Stil der Neorenaissance und an jeder der vier Ecken einen turmartigen Aufbau, jeweils bekrönt von in Kupfer gearbeiteten Allegorien, die unter anderem Wissenschaft und Kunst, Handel und Industrie darstellen.

Göttliche Mädchen im »Feenpalast«

Wer den Bau betreten und das holzvertäfelte Vestibül hinter sich gelassen hat, findet sich im bis zu neun Meter hohen Kuppelsaal wieder, dessen reich ornamentierte Gewölbe mit Göttern und allegorischen Szenen bemalt sind. Einem majestätischen dreischiffigen Säulengang folgend, gelangt der Besucher in einen zweiten Hallenbau, an den sich unter anderem der Rokokosaal, ein Billardsaal mit nicht weniger als 15 Tischen und der Durchgang zum Palmengarten anschließen. Weitere Prunksäle für Hochzeiten und geschlossene Veranstaltungen finden sich im ersten Stock; in den Etagen darüber sind nun Wohnungen angelegt, deren Großzügigkeit der herrschaftlichen Lage und dem Aussehen des Gebäudes entsprechen. Die neugierigen Münchner, die die Entstehung des Prachtbaus rege verfolgen, können ihn am Tag nach der Eröffnung gegen Eintritt besichtigen; der Erlös kommt der Armenhilfe zugute.

Rasch wird das gewaltige Café-Restaurant Treffpunkt von Künstlern, der gesamten besseren Gesellschaft und ein Touristenmagnet, erwähnt in allen einschlägigen Führern und Broschüren als eine der wichtigsten Sehenswürdigkeiten der Stadt. In seinem Roman »Das Jahr der schönen Täuschungen« beschreibt der Schriftsteller Hans Carossa sehr eindrucksvoll, wie er selbst den Prunkbau bei seinem ersten Besuch 1897 erlebt: »Als junger Mann schritt ich verhaltenen Schrittes durch diese heiligen Hallen. Bald umfing mich der Kaffeepalast mit seinen Prachträumen, darin sich die Schritte von selber verlangsamten, um die Göttinnen, die von den Gewölben lächelten, nicht zu stören. Alles war hier danach angetan, dem Neuling vorzuspiegeln, er habe ein Heiligtum betreten. In gläsernen Lilien glühten Fäden elektrischen Lichts; das leuchtete weiter in schwarzen Marmorsäulen. (…) Den bildgeschmückten Decken und Wänden galten die nächsten Blicke, da stand in goldumrahmtem Schneefeld splitternackt ein geflügeltes Kind, von Raben umkrächzt, das Gesichtchen zum Weinen verzogen; anderswo ruhten zwei Liebende auf Wolken; eine Hand hob über sie den grünen Kranz des Ruhms, als hätten sie durch ihr Glück den größten Sieg errungen.«

Unter der Heerschar an Künstlern und Kunsthandwerkern, die an der Ausgestaltung beteiligt sind, gibt es auch eine Frau: die österreichische Malerin Charlotte Hampel, ausgebildet unter anderem bei dem Münchener Genremaler und Illustrator Heinrich Lossow. Ihr Beitrag zur Ausstattung des Café Luitpold muss eine ihrer frühesten Arbeiten als eigenständige Künstlerin gewesen sein. 1890 kehrt sie nach Wien zurück, wo sie auch wiederholt ausstellt. Doch dann endet ihre künstlerische Tätigkeit – wie die manch anderer aufstrebenden Kollegin – jäh: Sie heiratet den Maler Ferdinand Andri, der keine derartige Betätigung seiner Frau wünscht.

Dass auch eine Frau das Erscheinungsbild der Prunksäle des Café Luitpold mitgestaltet, trägt allerdings ebenso wenig zur Entstehung des Spitznamens »Feenpalast« bei wie die zahlreichen Göttinnen und Elfen, die die Wände und Decken bevölkern. Vielmehr geht die Bezeichnung auf die ein halbes Jahr nach Eröffnung des Cafés erfolgte Uraufführung der frühen, doch erst postum in Szene gesetzten Wagner-Oper »Die Feen« zurück, deren zweiter und dritter Akt in einem verzauberten, überaus festlichen Palast spielen.

Folgt man Hans Carossa, sind indes sehr wohl wirkliche Feen in den Hallen des Luitpold anzutreffen: die Bedienungen. Der Schriftsteller sieht in ihnen die »wahren Walterinnen des Hauses; ihr leichter Gang, die Sicherheit, mit der sie aus hohen silbernen Kannen erwünschte Getränke in Porzellanschalen gossen, dies alles atmete den Geist vornehmer Gastlichkeit, einzig würdig der glanzvollen Stätte, die den Namen des Prinzregenten trug. Als ich nach dem Preis von Kaffee und Hörnchen fragte, fand ich ihn sehr gering und konnte nicht mehr glauben, dass dieser wunderbare Betrieb auf seine Besucher angewiesen sei, bildete mir vielmehr ein, er nehme nur der Form wegen eine kleine Bezahlung an. Leider gab es Gäste, die nicht fühlten, wo sie sich befanden. Mit den armseligen Münzen, womit sie den königlichen Aufenthalt vergüten zu können meinten, stießen sie hart auf den schimmernden Marmor der Tischplatten und gaben dadurch jenen göttlichen Mädchen zu erkennen, wie sehr sie es eilig hatten, wieder in die unfestliche Welt hinauszukommen. So störten sie die feierliche Stimmung des blau durchrauchten, wie von Gebeten durchsummten Raumes, und wenn jene taktvoll den scharfen Ton überhörten, wagten sie sogar, ihnen gebieterisch böse Worte zuzuschreien. Aber dergleichen Ungehörigkeiten achtete man hier nicht einmal eines Tadels wert; ja die Trägerinnen der silbernen Kannen, für Beleidigungen unnahbar, übertrieben ihren Großmut, indem sie den Toren auch noch beim Ankleiden in ihre Mäntel hineinhalfen und ihnen nachriefen: Auf Wiedersehen.«

Frauen entdecken das prunkvolle Café für sich

Tatsächlich gibt die Episode, die Carossa skizziert, durchaus einen Einblick in den gehobenen und freundlichen Umgangston, aber auch in gewisse Personalhierarchien, die im Café Luitpold herrschen. Ganz junge Mädchen fungieren als »Wassermadln«, schenken Getränke aus und verdrehen nicht wenigen der anwesenden Herren gehörig den Kopf. Höher in der Rangordnung stehen die erfahreneren und energischen Kaffeeköchinnen, deren Posten oft neu besetzt werden muss, da sie andere Gastronomen, nicht selten auch mit einem Heiratsantrag, aus dem Luitpold wegzulocken versuchen. Eine Stellung im Palastcafé ist hoch begehrt, da sie üppige Trinkgelder verspricht. Die dort arbeitenden Mädchen und Frauen sind berühmt für ihre Schönheit und für ihre Freundlichkeit. Gegenüber manchem Studenten, wird kolportiert, sind die Serviererinnen für den Geschmack ihres Arbeitgebers sogar zu freundlich und stecken ihm unauffällig umsonst etwas zu essen oder zu trinken zu.

Bisweilen trifft man unter den Gästen auch auf eine Runde von Geschlechtsgenossinnen. Das ist in den Jahren vor 1900 alles andere als selbstverständlich, gilt es doch als unschicklich, ohne männliche Begleitung ein öffentliches Etablissement zu betreten. Die unmittelbare

Nähe zur königlichen Residenz und auch der prestigeträchtige Titel des Hoflieferanten, den das Café alsbald trägt, sorgt allerdings für ein gewisses Maß an Freiraum. Mit der Änderung des frauenfeindlichen bayerischen Vereinsgesetzes 1898 ist Frauen zumindest in einem gewissen Rahmen ein offizielles Kaffeekränzchen oder ein Austausch mit Gleichgesinnten möglich: die Teilnahme an Vereinen oder Versammlungen, die beispielsweise »den Berufs- und Standsinteressen bestimmter Personenkreise« dient, ist nunmehr erlaubt.

Ab 1890 gibt es schräg gegenüber vom Café zudem noch den stadtbekannten von Künstlern, Literaten und Musikern frequentierten Salon der Schriftstellerin Elsa Bernstein. Hier geht es nicht ganz so formell zu, und hier gelingt es beispielsweise – unter eifriger Hilfe der Gastgeberin – dem gerade berühmt werdenden Romancier Thomas Mann Katia Pringsheim näher kennenzulernen. Bis zu einem gewissen Grad herrscht nun ebenfalls im Café-Restaurant Luitpold ein emanzipierter Geist, und da dauert es nicht lange, bis auch die Frauenbewegung das prunkvolle Kaffeehaus für sich entdeckt.

a Café Luitpold und Weinrestaurant Francais in München um 1900

b 1899 findet im Café Luitpold der Erste Allgemeine Bayerische Frauentag statt, ausgerichtet vom Münchner Verein für Fraueninteressen. Die Veranstaltung gilt als Initialzündung für die Emanzipationsbewegung in Bayern.

c Zimmer-Lawn-Tennis Ping Pong. Die »Leipziger« informiert ihre Leser*innen bereits 1901 über die neue Sportdisziplin. Der Zeichner erfasst die Szene im Münchner Café Luitpold.

DAS CAFÉ LUITPOLD UND DIE FRAUEN-BEWEGUNG

Im Jahr 1898 kommt es zur Änderung im bayerischen Vereinsrecht, in deren Folge es Frauen erlaubt ist, immerhin an Versammlungen teilzunehmen oder Vereinen beizutreten, die Berufs- und Bildungsinteressen oder auch der Armen- und Krankenpflege dienen. Das ermöglicht dem Münchner Verein für Fraueninteressen, sein Wirken rasch und konsequent auszudehnen und auch Lobbyarbeit zu betreiben. Gezielt hält er deshalb ab 1899 öffentliche Veranstaltungen nur noch an prestigeträchtigen Orten ab – im Hotel Vier Jahreszeiten, dem Bayerischen Hof, ab 1900 auch im soeben fertiggestellten Künstlerhaus am Lenbachplatz und, mit Abstand am häufigsten, im Prinzensaal des Café Luitpold. Insofern stehen ein paar stadtgeografische »Eckpunkte« praktisch schon fest, als sich der Verein für Fraueninteressen nach seiner Generalversammlung vom 20. Januar 1899 daran macht, einen Kongress speziell für Frauenorganisationen aus ganz Bayern zu planen, damit sich die bislang zwar mit norddeutschen Vereinen, aber so gut wie nicht untereinander agierenden bayerischen Keimzellen der Emanzipation endlich vernetzen und vereinigen können.

Die Mammutaufgabe teilen sich insgesamt acht Münchner Verbindungen quer durch alle gesellschaftlichen Schichten: Neben dem Verein für Fraueninteressen die Vereine für ein Arbeiterinnenheim und zur Gründung eines Mädchengymnasiums, der Handelsgehilfinnen-Verein, der Kaufmännische Verein für weibliche Angestellte, der Künstlerinnen- und der Lehrerinnenverein sowie die Ortsgruppe des Allgemeinen deutschen Frauenvereins. Ziel ist, neben der Vernetzung der Aktivistinnen ein Programm zu bieten, das tatsächlich das gesamte Spektrum anspricht und repräsentiert, in dem sich Frauen engagieren, und in dem es dringendste Missstände zu beheben und echte Not zu lindern gilt. Je näher der Kongresstermin des 18. bis 21. Oktober rückt, desto gewaltiger werden die organisatorischen Aufgaben: Neben der Koordination des Programms gilt es unter anderem, 50 Frauenvertreterinnen aus 14 bayerischen Städten privat unterzubringen. Auch viele Münchnerinnen verfolgen bereits die Vorbereitungen mit regem Interesse; schon im Vorfeld ist zu ahnen, dass die Eröffnungsveranstaltung ziemlich überlaufen sein wird. Als Ort hat der Verein für Fraueninteressen mit dem Café Luitpold die prestigeträchtigste Adresse gewählt, die die Stadt zu bieten hat. Ab 17 Uhr treffen sich die auswärtigen Gäste und der innere Kreis der organisierenden Vereine zu einem geselligen Beisammensein im Schlachtensaal; um 20 Uhr beginnt dann die eigentliche Eröffnungsveranstaltung im großzügigen Prinzensaal. Der Andrang, so überliefern es die Zeitungen, ist nicht nur groß, sondern überwältigend. Wer zu spät kommt, kann nicht mehr eingelassen werden, hunderte Interessierte müssen abgewiesen werden.

Auch Männer, die die Frauenbewegung offen unterstützen – ein Münchner Spezifikum –, haben sich eingefunden, darunter der Nationalökonom Max Haushofer, der SPD-Politiker Georg von Vollmar oder der Rechtsanwalt und Theaterkritiker Max Bernstein, der gemeinsam mit seiner Frau Elsa in ihrer schräg gegenüber dem Luitpoldblock gelegenen Wohnung einen literarischen Salon betreibt. Nach der Eröffnungsrede der Vorsitzenden des Vereins für Fraueninteressen, Ika von Freudenberg, in der diese die schlechte soziale Stellung der Frau als späte Folge des Dreißigjährigen Kriegs darstellt, macht sich Clementine von Braunmühl, Leiterin des Künstlerinnenvereins, für die Gründung von Mädchengymnasien stark.

Die folgenden Tage, deren Veranstaltungen vor allem im Saal des Alten Rathauses stattfinden, gliedern sich in ein Vormittagsprogramm mit Vorträgen, nachmittäglichen Besichtigungen – etwa der Frauenarbeitsschule oder der weiblichen Abteilung der Königlichen Kunstgewerbeschule –, bevor an den Abenden weitere Vorträge folgen.

Der Bogen gerade des Vormittagsprogramms ist weitgespannt und schließt auch viele prekäre Probleme mit ein, die in der Öffentlichkeit, wenn überhaupt, nur hinter vorgehaltener Hand diskutiert werden. Auf den Veranstaltungen des Ersten Allgemeinen Bayerischen Frauentags werden dafür tragfähige Lösungsansätze erarbeitet, auch wenn diese oft erst Jahrzehnte später zur Umsetzung kommen. Das »Kostkinderwesen« ist ein Beispiel von vielen. Hinter diesem harmlos klingenden Namen verbirgt sich der Umstand, dass die Zahl unehelicher Kinder zwischen 1883 und 1897 um nahezu ein Drittel gestiegen ist – in München etwa ist jedes dritte Neugeborene unehelicher Herkunft. Viele der betroffenen Mütter können oder wollen diese meist unerwünschten Kinder nicht ausreichend versorgen; selbst wenn sie in Pflege gegeben werden, sind Ernährung und Betreuung meist mehr als unzureichend. Entsprechend hoch ist die Sterblichkeit dieser Kinder. Auf dem Frauentag wird deshalb eine Resolution mit dem Vorschlag verabschiedet, für jedes uneheliche Kind einen Generalvormund zu bestellen, der bei den Vätern der Kinder Unterhaltszahlungen eintreibt. Ferner wird angeregt, dass die Behörden Pflegefamilien zwar kontrollieren, aber zugleich unterstützen sollen, um so die Situation der Kinder nachhaltig zu verbessern.

In einem weiteren Vortrag wird gefordert, den für Frauen der bürgerlichen Schicht nur für ehrenamtliche Tätigkeiten schicklichen Bereich der Krankenpflege als mögliche Berufsperspektive zu öffnen und entsprechende Ausbildungsstätten einzurichten. Bisher praktizieren hier primär Nonnen. Auch ein weltweites Novum wird im Rahmen der Vormittagsvorträge vorgestellt: das Münchner Städtische Arbeitsamt, das 1895 ins Leben gerufen worden war und als erste Institution unentgeltlich Stellen vermittelt. Zum Arbeitsamt gehört eine Frauenkommission, die beispielsweise im Bereich der Dienstboten-Vermittlung sehr gut und breit aufgestellt ist. Doch machen noch viel zu wenige arbeitssuchende Frauen von diesem Angebot Gebrauch; die meisten lassen sich stattdessen weiterhin von gewerbsmäßigen Arbeitsvermittlerinnen, sogenannten »Verdingerinnen«, ausbeuten. Gezielte und umfassende Werbung für das Arbeitsamt tut deshalb dringend Not. Weitere Schwerpunktthemen der Vorträge sind die Situation der Kellnerinnen und weiblicher, vor allem in Familien arbeitender Dienstboten.

»Es lebe die Freiheit, es lebt, wer gewann /
Im Kampfe den Sieg, im Siege den Mann! /
Und ist er besiegt, so ist er uns Knecht, /
Wir schaffen uns selber unser Recht.«

Die Abendvorträge dienen, anders als die Vormittagsvorträge, weniger als Diskussionsgrundlage zur gemeinsamen Lösungsfindung denn als wertvolle, erweiternde Information zur Stellung und Situation der Frau. Nationalökonom Max Haushofer spricht über »Die Frau im Erwerbsleben«, erörtert die Berufsfelder, in denen Frauen bereits im deutschen Kaiserreich tätig sein können und geht auf die Vorurteile ein, die Männer arbeitenden Frauen entgegenbringen. Ganz oben steht hier die weitverbreitete Auffassung, ihre Arbeitsleistung sei der männlichen nicht gleichwertig, was sich auch an der ungleichen Entlohnung ablesen lasse. In manchen Ratschlägen und Ermutigungen, die er den Frauen abschließend erteilt, zeigt sich der Professor fast schon prophetisch: Frauen müssten, um im beruflichen Bereich mit Männern auf Augenhöhe zu agieren, lernen, Persönliches und Sachliches zu trennen. Und sie müssten sich darüber im Klaren sein, dass das Erwerbsleben ein harter Kampf sei – und es Jahrzehnte, wenn nicht Generationen dauern werde, bis sich gesellschaftliche und berufliche Verhältnisse geändert hätten.

Marie Stritt, die 1894 in Dresden den ersten Rechtsschutzverein für Frauen gegründet hatte, referiert über die Stellung der verheirateten Frau im neuen Bürgerlichen Gesetzbuch, das wenige Monate später, am 1. Januar 1900, in Kraft tritt. Darin ist mit der Ehe eine so gut wie vollständige Entrechtung der Frau vorgesehen – Entscheidungen über das eheliche Leben, die Erziehung der Kinder, ihre Erwerbstätigkeit, aber auch über die Verwendung des in die Ehe eingebrachten Vermögens trifft nach diesen Regelungen ausschließlich der Mann. Abhilfe allerdings ließe sich durch das Abschließen eines Ehevertrags schaffen – eine Möglichkeit, von der Brautleute zwar nur äußerst selten Gebrauch machen, für die Marie Stritt aber nachdrücklich wirbt.

Für den letzten Abend des Ersten Allgemeinen Bayerischen Frauentags wird noch einmal die Örtlichkeit gewechselt: Es geht in das überaus beliebte »Katholische Kasino« in der Barer Straße. Der als festlicher Ausklang konzipierte Abend beginnt mit dem Festspiel Marie Haushofers (siehe S. 33) über die Bedeutung von Frauen für den Fortgang der Menschheitsgeschichte und ihre letztendliche Befreiung durch die Figur der Arbeit. »Es lebe die Freiheit, es lebt, wer gewann / Im Kampfe den Sieg, im Siege den Mann! Und ist er besiegt, so ist er uns Knecht, / Wir schaffen uns selber unser Recht«, heißt es kämpferisch in den Schlussversen.

Im zweiten Teil werden Texte von Dichterinnen vorgetragen, die als besonders modern und avantgardistisch gelten, so unter anderem von der Nietzsche-, Rilke- und Freud-Weggefährtin Lou Andreas Salomé oder der in unkonventionellem Stil schreibenden Ricarda Huch. Als Abschluss erklingt das nach dem Gedicht einer Poetin entstandene »Mailied« des damals renommierten Münchner Komponisten Josef Gabriel Rheinberger.

Gerade dieser letzte Abend und das Festspiel von Marie Haushofer werden von der Münchner Tagespresse bejubelt. Nur erzkonservative Organe wie das »Münchner Salonblatt«, für die ein Frauenbild jenseits der dem Mann untergeordneten Gattin völlig undenkbar ist, ziehen aus dieser Kampfansage das Fazit, das Festspiel hätte herausgearbeitet, dass die Frau ihre größten Triumphe letztlich doch durch den Mann feiere – und berichten, wie sich die gefürchteten Frauenrechtlerinnen zu den abschließenden Walzerklängen über die Anwesenheit männlicher Tänzer gefreut hätten. Weniger feinsinnige Ironie als vielmehr blanke Häme bemüht der Dichter Ludwig Thoma in seinen gegen die Frauenbewegung gerichteten Pamphleten in der Satirezeitschrift »Simplicissimus«. Dies sei, heißt es da, »die Bewegung jener unverheirateten Frauenzimmer, welche nichts Besseres zu tun haben. Sie geht hervor aus dem Weltschmerze der Grete, die keinen Hans hat, und richtet sich insbesondere auf das ›Recht der Frau‹, welches da anfängt, wo das ›Recht auf den Mann‹ schwindet.« Zwei Wochen nach dem Ersten Allgemeinen Bayerischen Frauentag legt er mit einem sehr anzüglichen, vor allem die erotischen Qualitäten der Frau preisenden »Bekenntnis« nach: »Nur eines giebt es, was ich wirklich hasse:/ Das ist der Volksversammlungsrednerinnen, / Der Zielbewussten tintenfrohe Klasse. / Ich bin der Ansicht, dass sie alle spinnen. / Sie taugen nichts im Haus, nichts im Bette. / Mag Fräulein Luxemburg die Nase rümpfen, / Auch sie hat sicherlich, – was gilt die Wette? – / Mehr als ein Loch in ihren woll'nen Strümpfen.«

Insgesamt aber reagiert die Presse auf den Frauentag so begeistert, dass sich die öffentliche Meinung in Bayern sowohl im Hinblick auf die gesamten Anliegen der Frauenbewegung als auch auf einzelne aufgezeigte Probleme nachhaltig zum Positiven wandelt.

»Ich bin die Arbeit, und ich führ' sie an,
Die Frau'n von heut sowie den heut'gen Mann!
O glaubt nicht, daß ich in vergang'ner Zeit
Den Frauen fern gewesen sei!
Nur aus der häuslichen Verborgenheit
Trat selten ich in's Leben, offen, frei!
Doch heute steht die Welt in meinem Zeichen!
Und Jung und Alt, die Armen und die Reichen:
Sie alle stehen unter meinem Bann,
Und Jeder thut von ihnen, was er kann!
Es ruht der Menschheit allerbeste Kraft
In dem was Jeder für das Ganze schafft;
Und kargt das Glück, ist ernst das Leben,
So heiligt Arbeit jedes Streben!«

(Marie Haushofer, »Zwölf Culturbilder aus dem Leben der Frau«, 21.10.1899)

a »Zwölf Culturbilder aus dem Leben der Frau«, Festspiel zum Abschluss des Ersten Allgemeinen Bayerischen Frauentags im Oktober 1899. Ein Jahr zuvor hatte der Gesetzgeber den frauenfeindlichen Artikel 15 im Bayerischen Vereinsgesetz gestrichen, der Frauen bis dahin die Mitgliedschaft in politischen Vereinen sowie die Teilnahme an politischen Veranstaltungen untersagte.

LOUISE SCHILSKY

1865 – 1927

Nicht immer bekommt das Wirken der Frauenbewegung seinen Platz auf der großen Bühne; ebenso wenig stehen alle Frauen, die sich dort engagieren oder sich eine eigenständige geschäftliche Position erarbeiten, im Rampenlicht. Ein Beispiel für ein stilleres Agieren ist Louise Schilsky, die sich 1888, mit Eröffnung des prunkvoll umgestalteten Luitpoldblocks, gleich neben dem renommierten Pelzgeschäft von Alfred Bauch einen Blumenladen einrichtet. Nicht nur die Schönheit ihrer Sträuße und Tischdekorationen machen sie bekannt, Schilsky gehört zu den wenigen Frauen, denen es sogar gelingt, mit einem Hoflieferanten-Titel bedacht zu werden. Wie ihr Enkel berichtet, der seine gesamte Kindheit im Luitpoldblock verbrachte, »verkehrte in ihrer Blumenhandlung die gute Gesellschaft: Aristokraten und Künstler, sogar die bayerische Königin kam, so erzählte man, gelegentlich zum Plaudern vorbei.«

Während des Ersten Weltkriegs engagiert sich Schilsky, die auch einem der Frauenvereine der Stadt angehört, für Künstlerinnen, die durch den kriegsbedingten Einbruch im Kunsthandel in ihrer Existenz mehr als bedroht sind. Gemeinsam mit anderen Geschäftsleuten in der Umgebung präsentiert und verkauft sie in ihren Räumen Gemälde und kunstgewerbliche Gegenstände und hilft so, Frauen in künstlerischen Berufen wenigstens ein minimales Einkommen zu sichern. Auch nach dem Krieg behält sie ihr soziales Engagement bei.

Nach ihrem Tod im Januar 1927 führt ihre Familie den renommierten Blumenladen bis zur Zerstörung des gesamten Luitpoldblocks durch den Bombenangriff im Dezember 1944 weiter.

IDA SOFIA MALY

1894 – 1941

Keck strahlen dunkle Augen unter einer breiten Hutkrempe vor. Der Mund ist sinnlich gekräuselt, das Kinn über der flauschigen Wolke eines Pelzkragens selbstbewusst erhoben. Der Name dieser Schönen der Nacht ist nicht überliefert, wohl aber der Ort, an dem sie verkehrte: das Café Luitpold, in dem die Künstlerin Ida Maly die Porträtstudie 1923 anfertigt und später als Druckgrafik ausführt.

Das Bild selbst ist recht typisch für Ida Malys Arbeiten in den frühen 1920er-Jahren, die nachträgliche Umsetzung als Druckvorlage dagegen eher nicht – für so etwas fehlt Maly in diesen Jahren normalerweise schlicht die Zeit. Denn da es ihr kaum gelingt, größere künstlerische Aufträge zu ergattern, die ein umfassendes Honorar mit sich bringen, bleibt ihr wenig anderes übrig, als Abend für Abend mit Block und Zeichenstift durch die angesagten Cafés der aufstrebenden Großstadt zu ziehen und dort spontan entschlossene Gäste gegen Bezahlung zu porträtieren. Das Luitpold, in dem ein besonders zahlungskräftiges Publikum verkehrt, gehört zu ihren bevorzugten Anlaufstellen. So hat sich die junge, in Graz aufgewachsene Frau ihr Leben als Künstlerin sicher nicht vorgestellt, als sie sich 1912 in der Steirischen Landeskunstschule in Graz einschreibt. Zwei Jahre später wechseln sie und ihre ältere Schwester Paula an die renommierte Kunstgewerbeschule des K.K. Österreichischen Museums für Kunst und Industrie nach Wien. Ida belegt die Fachklasse für Architektur und allgemeine Formenlehre sowie den Kurs »Ornamentale Formenlehre«; ein von ihr erarbeiteter, der strengen und zugleich opulenten Stilistik der Secession verpflichteter Entwurf für ein Kriegerdenkmal findet große Beachtung, auch noch Jahre später. Doch schon im Februar 1915 verlassen Ida und Paula die Schule wieder und kehren nach Graz zurück. Die Gründe verlieren sich im Dunkel der Geschichte; die Annalen der Kunstgewerbeschule berichten von der Ausweisung zweier Schülerinnen mangels Eignung – doch dem steht die Anerkennung entgegen, die Ida Maly für ihren Denkmalsentwurf bekam. Fest steht, dass Paula Maly im Anschluss an diese Zeit noch an anderen Schulen Unterricht erhält; Ida dagegen bricht ihre künstlerische Ausbildung komplett ab.

Stattdessen geht die junge Frau nach Sankt Pölten, arbeitet in einer Fabrik, beteiligt sich – was auf ein großes sportliches Talent schließen lässt –, erfolgreich an mehreren Schwimm- und Kunstspring-Wettbewerben. Drei Jahre später lässt sie, nicht weniger plötzlich als seinerzeit Wien, auch Sankt Pölten, ihre Stelle und ihren Bekanntenkreis hinter sich und geht nach München. Hier spielt Martha Maria Newes, ihre Freundin aus Kindheitstagen und Schwester von Frank Wedekinds Witwe Tilly, seit 1913 an den Kammerspielen und hat einen renommierten Theaterregisseur geheiratet.

Zeichnen fürs Überleben

Vermutlich erhofft sich Ida Maly durch die Freundin Zugang zu den illustren Kreisen der Münchener Avantgarde und dadurch ein gutes Auskommen als Künstlerin. Zunächst kann sie sich ganz gut als Schauspielerin und Malerin verdingen; Martha Newes' Umfeld beauftragt sie mit Gemälden und Kopien von Meisterwerken aus der Alten Pinakothek. Das Anfertigen von Exlibris und andere gebrauchsgrafische Arbeiten sichern ihr weitere Einkünfte. Wohnkosten hat sie in dieser Anfangszeit keine, weil sie für eine begrenzte Zeit bei ihrer Freundin unterkommen kann.

Spätestens als sie dort ausziehen muss, beginnt sich das Blatt auf tragische Weise zu wenden: Die Suche nach einer bezahlbaren Wohnung und einem Atelier gestaltet sich schwierig; mehrmals wird sie in den folgenden Jahren beide wechseln. Auch die berufliche Situation ist, nachdem das erste, durch Martha Newes' Umtun geförderte Überraschungsmoment erst einmal verflogen ist, alles andere als einfach: In der von Arbeitslosigkeit und Inflation geprägten Zeit der frühen 1920er-Jahre hat kaum jemand Geld für künstlerische Aufträge übrig; gleichzeitig ist der Konkurrenzdruck durch junge und aufstrebende wie durch bereits etablierte, nicht weniger unter der Situation leidende Künstlerinnen enorm.

Statt sich also mit den rasch wandelnden, visionären Kunstströmungen ihrer Zeit auseinanderzusetzen, bleibt Ida Maly nichts anderes übrig, als buchstäblich fürs Überleben zu zeichnen. Das ist zwar der Entwicklung eines eigenen Stils nicht unbedingt förderlich, aber sie schult ihr Auge, ihre Auffassungsgabe sowie das schnelle und prägnante Erfassen von markanten Charakteristika, die ihr jeweiliges Modell einzigartig machen. Und sie legt sich auf diese Weise einen reichen Schatz an abrufbaren Motiven an, der ihr bei späteren Arbeiten zugutekommt.

Finanziell dürfte ihre Situation dennoch mehr als bedrückend gewesen sein; verschärft wird die Lage noch, als die Künstlerin im Frühjahr 1920 schwanger wird und im Januar 1921 ihre uneheliche Tochter Elga auf die Welt bringt. Bis 1923 versucht Ida Maly tapfer, sich und das Kind irgendwie durchzubringen und der Tochter trotz aller Schwierigkeiten eine

a Das mondäne Boulevardcafé des Luitpoldblocks

b Ida Maly, Porträtfoto aus dem Archiv Anna Lehninger

c Tanzpaar im Luitpold

gute und liebevolle Mutter zu sein. Schließlich aber sieht sie keinen anderen Ausweg, als das Kind nach Graz zu Pflegeeltern zu geben. Sie selbst bricht ihre Zelte in München ab und versucht abermals einen Neustart, diesmal in Berlin. Das Frauenporträt aus dem Café Luitpold gehört wohl zu den letzten Arbeiten, die sie in München anfertigt.

Auch in Berlin beruht ihre Haupterwerbsquelle auf dem Abklappern eleganter Cafés, Restaurants und Tanzlokale und dem Ansprechen von Gästen – sowohl zum Verkauf von Spontanporträts wie auch zum Aufbau eines Netzwerks zum Erlangen größerer Auftragsarbeiten. Bis zu einem gewissen Maß scheint sie dort mehr Erfolg gehabt zu haben. Auf alle Fälle ist belegt, dass Ida Maly im Januar 1925 nach Paris geht, um dort – möglicherweise finanziert durch ein Stipendium – an einer künstlerischen Ausbildungsstätte zu studieren. Ein Zubrot verdient sie sich auch hier durch Kaffeehausporträts. Im Oktober des Jahres zieht sie weiter nach Wien, wo das kulturelle Leben floriert und sie sich als »Kunststudierende« in die Register einträgt – belegt indes ist ein solches Studium nicht. Stattdessen sind auch hier die Cafés ihr Betätigungsfeld; von 8 Uhr abends bis 2 Uhr morgens ist sie jede Nacht unterwegs. Beständig hofft sie darauf, dass sich das Blatt wendet, sie sich auf der Grundlage ihrer Kunst eine Existenz aufbauen kann – leider vergebens.

1928 zieht sie zurück nach Graz zu ihrer Schwester, wenige Monate später wird sie mit der Diagnose »Schizophrenie« in die Landes-Heil- und Pflegeanstalt für Geisteskranke am Feldhof eingewiesen, wo sie lebt, bis sie im Rahmen des Euthanasieprogramms der Nationalsozialisten 1941 ermordet wird. Bis zum Ende fertigt sie eindrucksvolle Porträts ihrer Leidensgenoss*innen an.

Wie durch ein Wunder sind diese oft kleinformatigen Arbeiten bis heute erhalten geblieben. Die Künstlerin jedoch geriet in Vergessenheit. Als 1979 vier ihrer Bilder aus dem Besitz des österreichischen Künstlers Arnulf Rainer in einer Londoner Ausstellung gezeigt werden, kennt niemand den Namen Ida Maly. Erst 2001 setzt eine umfassendere Forschung zu Identität, Biografie und Werk dieser Künstlerin ein. Das im Café Luitpold entstandene, heute in der Neuen Galerie Graz Joanneumsviertel befindliche Bild ist ein kleiner, aber sehr aussagekräftiger Baustein bei der Rekonstruktion dieses Künstlerinnenlebens.

LONNY VAN LAAK

1896 – 1989

Als 1929 mit den Luitpoldlichtspielen eines der größten und elegantesten Kinos der Stadt München eröffnet wird, ahnt Lonny van Laak noch nicht, dass bald sie diejenige sein wird, die dessen Geschicke leitet. Das neue Lichtspielhaus ist überaus mondän – 34 Meter lang, 20 Meter breit, zehn Meter hoch, in Rot und Gold gehalten und mit expressionistischen Wandmalereien geschmückt. Dessen Betreiber? Lonnys Ehemann, Wilhelm van Laak, den sie während des Ersten Weltkriegs in einem Lazarett kennengelernt hat, in dem sie als Krankenschwester arbeitete. Nach dem Ende des Kriegs läuten die Hochzeitsglocken.

Van Laak ist durch seine Kriegsverletzungen gesundheitlich schwer angeschlagen, dennoch gelingt es ihm, sich im München der 1920er-Jahre eine glanzvolle Existenz aufzubauen. Ihn fasziniert die neue Welt des Films, Kinos werden seine Leidenschaft. Die neuen Lichtspiele im Luitpoldblock sind nur eines von insgesamt 16 Kinos, das er leitet.

Inwieweit seine Frau zu diesem Zeitpunkt in die Geschäfte eingebunden ist, ist nicht überliefert; da es zu Hause zwei Kinder zu versorgen gilt, den 1920 geborenen Sohn Gert und die 1923 auf die Welt gekommene Tochter Dorle, ist zu vermuten, dass sie die meiste Zeit im Haus der Familie in Ebenhausen im Isartal verbringt. 1935 dann der Schock: Wilhelm van Laak stirbt mit nur 44 Jahren. Lonny ist auf sich allein gestellt – mit zwei Kindern, 16 Kinos und einem Problem, dem weder sie noch ihr Mann bislang viel Beachtung schenkten: Lonny van Laak ist Jüdin.

Zunächst lässt sie sich nicht beirren, stürzt sich engagiert in die neue Aufgabe, entdeckt rasch nicht nur ihre eigene Begeisterung für den Film, sondern auch ihre Begabung, Kinos mit wirklichem Leben zu füllen. Dann aber bestellt die NSDAP alle Münchner Kinobetreiber zu einem über mehrere Wochen verteilten Filmvorführkurs ein. Ohne die damit verknüpfte Prüfung – und den inzwischen obligatorischen Ariernachweis – gibt es keine Konzession zum Betreiben eines Filmtheaters. Trotz bestandenem Examen werden Lonny van Laak deshalb sämtliche Kino-Pachtverträge gekündigt.

Unterkriegen lässt sie sich trotzdem nicht: Sie mietet eine größere Wohnung und ernährt sich und ihre Kinder davon, dass sie die meisten Zimmer an Studenten untervermietet, die sie mittags und abends bekocht.

Das muntere Miteinander mit jungen Menschen aus allen Ecken Europas scheint ihr zu liegen, jedenfalls berichtet ihr Sohn Gert van Laak in seinen Erinnerungen an seine Mutter, »Die Nazis nannten sie Sara«, von einer im Großen und Ganzen recht fröhlichen Zeit. Auch als der Vermieter die Wohnung kündigt – ab 1938 ist dies bei jüdischen Mietern ohne Wahrung von Fristen oder Angabe von Gründen möglich –, bleibt Lonny van Laak unerschrocken. Durch die Hilfe von Verwandten findet sie eine neue Wohnung in Gern, in der sie auch ihre private Studentenpension weiter betreiben kann. Mit Ausbruch des Zweiten Weltkriegs und der zunehmenden Verfolgung der jüdischen Bevölkerung wird ihre Lage allerdings bedrohlich. Ihrem Sohn Gert gelingt es mit vielen Schlichen und Spitzfindigkeiten, seine Mutter immer wieder vor dem Abtransport in ein Konzentrationslager zu retten und ihr bis zum Fall der Nazidiktatur ein halbwegs normales Leben zu ermöglichen.

Münchens erfolgreichste Kinobetreiberin

Noch 1945 kehrt Lonny van Laak ins Kino zurück. Wie durch ein Wunder hat der Teil des Luitpoldblocks mit dem Lichtspielhaus den Bombenangriff, der das Café nahezu vollständig zerstörte, weitgehend unbeschadet überstanden. Der Entzug der Konzession durch die Nationalsozialisten und ihre jüdische Herkunft machen es relativ einfach, von der amerikanischen Militärregierung eine Lizenz zum Betrieb des Luitpold-Kinos zu bekommen. Ihr Gespür für zugkräftige, aber doch qualitätvolle Filme machen das Haus rasch zum repräsentativsten Kino dieser Zeit in der Isarstadt. Noch im gleichen Jahr wird sie die erste Präsidentin des neu gegründeten Verbands Bayerischer Filmtheater und Beirätin im Kulturausschuss der Stadt München.

Der Blick der unter den Kriegsfolgen und in Trümmerlandschaften lebenden Menschen richtet sich noch lange nicht nach Glanz und Glamour, doch lassen sie sich dank der Initiativen Lonny van Laaks bald wieder in den Bann der Geschichten auf der Leinwand ziehen. Premieren – beispielsweise 1947 des Fred-Astaire-Films »Musik Musik« (Originaltitel »Holiday Inn«) – werden wieder zu großen Spektakeln mit Bigband und Revueeinlagen. Und selbst die hohe Geistlichkeit kann sie zu gegebenem Anlass in ihr Kino locken: 1948 schafft sie es, den Münchner Erzbischof Kardinal Faulhaber dazu zu überreden,

a Premiere des Fred-Astaire-Films »Holiday Inn«, zu deutsch »Musik Musik«, 1947

zur Premiere des Films »Das Lied von Bernadette« über die heiliggesprochene Bernadette Soubirous von Lourdes zu kommen und den Film unter sein persönliches Protektorat zu stellen.

Ab 1951 betreibt sie noch ein weiteres, nicht weniger glanzvolles Kino: das Film-Casino am Odeonsplatz, für das Lonny van Laak mit einer Mischung von Bar, Café und Filmtheater ein für diese Zeit völlig neuartiges Konzept entwickelt.

Bereits vier Jahre später gibt Lonny van Laak das Film-Casino wieder ab, und auch die Luitpold-Lichtspiele können dem zunehmenden Konkurrenzdruck durch das Fernsehen in den 1960er- und 1970er-Jahren nicht länger standhalten. Sie werden schließlich in die Einkaufsgalerien des Blocks integriert. Lonny van Laaks Wirken aber bleibt ein Meilenstein in der Kinogeschichte Münchens. Wegen ihrer Verdienste um den Wiederaufbau der deutschen Filmwirtschaft nach dem Krieg verleiht ihr der damalige Innenminister Friedrich Zimmermann 1986, drei Jahre vor ihrem Tod, das Filmband in Gold.

MARGARETE AMMON

*1922

»Mei Mädel, du musst doch erstmal lernen, wie man mit Geld umgeht«, meint der Großvater zu seiner Enkelin Margarete, als die ihm den Wunsch vorträgt, Architektur zu studieren. Wie hervorragend sie das kann und welch untrügliches Gespür sie für gute Architektur hat, beweist die in der Kleinstadt Thannhausen im Schwäbischen Barockwinkel aufgewachsene junge Frau nur wenige Jahre später: Gemeinsam mit ihrer Schwester Barbara gründet die gerade einmal 27-Jährige die Kithan Grundstücks- und Handels-GmbH. Der Firmenname verewigt eine glückliche Kindheit – er setzt sich aus den ersten Silben des Mädchennamens der beiden Schwestern, Kieninger und Thannhausen, zusammen. Der Zweck ihres Unternehmens ist so ernst wie die Lage in den Städten des kriegszerstörten Deutschlands: Das vorderste Anliegen ist der Wiederaufbau von Immobilien, die seit den Bombenangriffen in Trümmern liegen.

Mit Feuereifer machen sich die beiden Frauen an die Arbeit: Barbara ist für sämtliche juristische Fragen zuständig, Margarete für alle Themen rund ums Bauen. Rasch werden in München erste Wunden versorgt: Ein Altbau in Schwabing bekommt ein neues Dach, in der Maxvorstadt entsteht ein nach modernen Kriterien geplantes Wohnhaus, das sich zugleich gut in die historische Bausubstanz der Umgebung integriert. Die Aufbruchstimmung der frühen Wirtschaftswunderjahre inspiriert die Schwestern, in Geschäftsimmobilien zu investieren. Schon 1954 können sie im Herzen Münchens, in unmittelbarer Nähe zum Luitpoldblock, ihren Firmensitz bauen, das Kithan-Haus. Federführender Planer ist Margaretes Mann, der Architekt und Bildhauer Georg Brenninger, der unter anderem auch den Giebelfries des wieder aufgebauten Münchner Nationaltheaters gestaltet. Für den Firmensitz entwickelt er ein damals revolutionäres Konzept: ein Geschäftshaus mit einer komplett verglasten Fassade. Es regnet Spott und Widerstand – erst Jahrzehnte später weiß die Stadt die Schönheit dieser Fassade wirklich zu würdigen. 1998 wird das Kithan-Haus unter Denkmalschutz gestellt. Die Kithan ist als Unternehmensgruppe bis heute aktiv.

Als wäre die Führung eines erfolgreichen Immobilienunternehmens nicht genug, übernimmt Margarete Ammon 1963 zudem die Leitung der Fleischwerke Zimmermann, die ihre Großeltern aus ihrer 1894 im heimatlichen Thannhausen gegründeten Metzgerei aufgebaut hatten. Die Skepsis ist groß: Obgleich sie ihre Fähigkeiten als Unternehmerin bereits deutlich unter Beweis gestellt hat, ist sie in der Fleischverarbeitung vollkommen branchenfremd. Und die Firma ist, wie so viele andere, absolut männlich geprägt. Doch Margarete Ammon gelingt es auch hier, sich nicht nur Respekt zu verschaffen, sondern ein weiblich-männliches Führungsteam zu etablieren, das Zank und Konkurrenzkampf unter den dort tätigen Männern einhegt. Auf dieser Basis werden die Fleischwerke Zimmermann zu einem der größten Player in der deutschen Fleischwarenindustrie. 1989 verkauft die mittlerweile 67-Jährige das Unternehmen an die Gebrüder Ehrmann, die auch Inhaber der gleichnamigen Milchwerke sind, um seinen Fortbestand zu sichern.

Wirklich zur Ruhe setzt sich Margarete Ammon aber nicht: Ihr gemeinnütziges Engagement gipfelt 2002 – sie ist mittlerweile 80 – in der Gründung der Margarete-Ammon-Stiftung, die sich durch die Erträge des Grundbesitzes der Kithan in den Innenstädten von München, Berlin oder Erlangen finanziert.

Unter dem Stiftungsmotto »Zum Nutzen der Menschen im Einklang mit der Natur« bündelt sie ein breites Feld verschiedenster Aktivitäten: die Unterstützung sozialer und kultureller Projekte sowie die Schaffung unterschiedlicher Einrichtungen für Frauen in allen Lebenslagen, die Förderung weiblichen Unternehmertums und Forschungen zu einer geschlechterspezifischen Medizin sowie nicht zuletzt die Finanzierung von Vorhaben im Bereich des Natur- und Klimaschutzes. Darunter fällt auch ein Projekt, das die inzwischen Hundertjährige besonders glücklich macht: die Instandhaltung des marode gewordenen Parks von Schloss Seyfriedsberg unweit von Thannhausen – eines Ortes, den Margarete Ammon in ihrer Kindheit oft besuchte. Der Motor hinter all ihrem Engagement ist immer noch der gleiche, der sie bereits vor über 70 Jahren antrieb, die Kithan zu gründen: »Das Erleben des Horrors, den der Zweite Weltkrieg hinterlassen hat, hat mich für mein ganzes Leben geprägt«, sagt die hochbetagte Dame. »Seitdem treibt mich das Gefühl, helfen zu wollen, dass es so etwas nicht mehr gibt und die Menschen miteinander, aber auch mit ihrer Umwelt sorgsamer umgehen.«

MARIKA BUCHNER

*1935

Es ist auf der einen Seite eine stattliche Mitgift, auf der anderen Seite eine immense Herausforderung, die Marika Buchner 1960 zur Hochzeit bekommt. Sie stammt aus der Münchner Zigarren-Dynastie Zechbauer, auch die Hutfabrik Seidl gehört zur Familie. Deshalb hatte sich ihr Vater für die Tochter eigentlich eine andere Partie vorgestellt als den Konditormeister Paul Buchner, den die 23-Jährige 1958 in Davos beim Skilaufen kennenlernt. Doch die junge Frau beharrt auf ihrer Entscheidung. Also sucht der Vater nach etwas, das dem jungen Paar eine Aufgabe und vor allem eine Option für die Zukunft gibt: Am 1. April 1960 kauft er für seine Tochter und deren Bräutigam den Luitpoldblock. Auf diesem lastet nicht nur finanziell eine große Hypothek, seit den Bombentreffern von 1944 ist der einst prachtvolle Bau nach wie vor kaum mehr als eine notdürftig hergerichtete Kriegsruine. Lediglich im Keller hat man mit den Resten des alten Mobiliars ein gepflegtes Café-Restaurant und eine Konfiserie eingerichtet – sie ist nun als Wirkungsstätte für den frischgebackenen Zechbauer-Schwiegersohn vorgesehen.

Das Ehepaar Buchner entwickelt rasch eine ganz eigene Zukunftsvision dieser Münchner Traditions-Institution. Und diese geht weit über den Betrieb einer Konfiserie hinaus. Der komplette Altbestand des Café Luitpold, vom Tafelsilber bis zum Parkett-Fußboden, ist noch vor dem Verkauf des Gebäudes versteigert worden. So kann das junge Unternehmerpaar ganz ohne Ballast starten, der nur zu einem versteiften Festhalten an alten Traditionen verleitet hätte. Stattdessen plädieren Marika und Paul Buchner für einen zwar ebenfalls eleganten und behaglichen, zugleich zukunftsweisend modernen Stil. Als erstes nehmen sie die Um- und Neugestaltung des Kaffeehauses in Angriff. Es wird radikal verkleinert, bietet im Vergleich zum Café Luitpold der Jahrhundertwende nur noch ein gutes Drittel der ursprünglichen Platzkapazität. Dafür arbeitet Architekt Reinhard Riemerschmid mit geraden, schnörkellosen Formen, großflächigen Holzpaneelen, hellen Farben und hinterleuchteten Flächen hinter den Tresen. Hinzu kommt ein Grill-Restaurant mit 160 Plätzen und einem absoluten Novum in der gesamten Gastronomie-Szene: einer Essbar, von der aus die Gäste dem Rotisseur beim Grillen und Anrichten der Gerichte zusehen können. Bei aller Modernität wird auch auf die alte Kaffeehaus-

Tradition Bezug genommen: An den Wänden hängen eigens für das Café Luitpold ausgesuchte Malereien und Druckgrafiken von Künstlern, die sich von der Kaffeehaus-Kultur inspirieren ließen und zum Teil sogar Gäste des Luitpold gewesen waren. So gesellen sich zu Werken von Henri Toulouse-Lautrec, Pierre Bonnard oder Pablo Picasso unter anderem auch Karikaturen der »Simplicissimus«-Zeichner Thomas Theodor Heine oder Eduard Thöny.

Als das neue Café am 7. September 1962 eröffnet wird, arbeiten Marika und Paul Buchner längst am nächsten Abschnitt des großen Ganzen. Denn der komplette Akzent des Blocks soll, der Konsumfreudigkeit der ausgehenden Wirtschaftswunder- und frühen 1960er-Jahre entsprechend, vom rein gastronomischen Fokus mit eingestreuten Geschäften hin zu einem harmonischen Miteinander von Einkaufs- und Restaurantkultur verlagert werden. Auf den durch die Verkleinerung des Cafés gewonnenen Flächen und durch den großzügigen Ausbau des vormals als Wirtschaftstrakt und Remise genutzten Gebäudeparts auf der Seite von Amira- und Salvatorplatz entstehen elegante Ladenflächen und Büros, in die, auch dank der exzellenten Verbindungen Marika Buchners, bald versierte Firmen einziehen: Obermaier Bäder, das Modelabel Missoni, die Innenarchitekten Graf und Gräfin Pilati, Frankonia Jagd, der Herrenausstatter Zechbauer oder der Luitpold-Figaro. Krönender Abschluss des Großprojekts ist die Luitpoldpassage, die den Salvatorplatz mit dem Maximiliansplatz verbindet. Der Luitpoldblock präsentiert fortan eine ganz besondere, glanzvolle Schaufensterwelt, die beim genussvollen Flanieren durchquert und umrundet werden kann.

Neben einer neuen Ausrichtung und einem neuen, modernen Gesicht haben Marika und Paul Buchner dem Luitpoldblock noch etwas anderes gegeben, wodurch sich der Gebäudekomplex als klar definierte und dauerhafte Größe im Bewusstsein der Münchner verankern wird: Beständigkeit.

Von der Eröffnung des Luitpoldblocks im Jahr 1888 an hatten alle paar Jahre die Besitzer gewechselt. Seit 1960 befindet er sich – bis heute – in Familienbesitz.

a Grill-Restaurant, ab 1962 b Marika und Paul Buchner, 2004

TINA SCHMITZ

1967 – 2017

Gerade wenn etwas Bestand haben soll, muss es immerwährend hinterfragt und neu gedacht werden. Und es muss dem Geist der Zeit eigentlich vorausgreifen, um wirklich aktuell zu sein. Mit Fragestellungen wie diesen wächst Tina Schmitz auf, ganz buchstäblich: Während ihrer Kindheit und Jugend sind ihre Eltern, Marika und Paul Buchner, ständig in Überlegungen verwoben, wie sie dem Luitpoldblock auf neue Weise zu seiner einstigen Bedeutung zurückverhelfen könnten.

Nach einer Banklehre steigt sie, parallel zu ihrem Grafik-Design-Studium, 1989 in die Geschäftsführung ein und erkennt rasch die besonderen Herausforderungen, die das Vorhaben birgt, 18.000 Quadratmeter Fläche auf sechs Etagen stimmig zu bespielen. Bald entwickelt Tina Schmitz ein Gespür dafür, welche Praxen, Büros und vor allem Geschäfte sich mit dem Café als Mittelpunkt zu einem harmonischen Ganzen runden, das mehr Strahlkraft besitzt als die blanke Summe seiner Einzelteile.

Mit ihrem Ehemann, dem Wirtschafts- und Kunstexperten Karsten Schmitz, gründet sie im Jahr 2000 die Stiftung Federkiel, die sich nicht allein der Förderung zeitgenössischer Kunst verschrieben hat. Die Stiftung hat sich auch zum Ziel gesetzt, kulturelle Orte der Begegnung und des Austauschs zu schaffen, die bei den Besucher*innen Neugier und Kreativität wecken – und die Offenheit und Lust, sich aufeinander und auf besondere Erlebnisse einzulassen. Tina und Karsten Schmitz sind federführend daran beteiligt, die Alte Baumwollspinnerei in Leipzig in einen attraktiven städtischen Kulturtreffpunkt zu verwandeln. Auch im Kreativquartier zwischen der Dachauer- und Schwere-Reiter-Straße in München initiiert die Stiftung 2014/2015 ein umfassendes Kunstinstallationsprojekt, das die Metamorphose des ehemaligen Industriegeländes sichtbar macht. In diesem Rahmen etablieren sie auch die Import-/Export-Kantine, die als Kulturtreffpunkt abseits des Mainstreams bis heute in Betrieb ist.

Parallel gründet die Mutter dreier Töchter 2008 die auf einem offenen Inklusionskonzept basierende Montessorischule Monte Balan, später auch das Balan Deli, das sich den Spirit der Vielfalt auf die Fahnen geschrieben hat – nicht nur im Angebot an gesunden Take-Away- und warmen Tagesgerichten, sondern auch im gemeinsamen Arbeiten von Menschen mit und ohne Behinderung.

All diese Aktivitäten und Interessen inspirieren und prägen auch Tina Schmitz' Überlegungen für den Luitpoldblock: Zwischen 2003 und 2006 entsteht in der »Luitpold Lounge« eine spannende und interdisziplinäre Form des kulturellen Austauschs. Die Stiftung Federkiel kauft Kunstwerke an, die innerhalb des traditionsreichen Häuserblocks sensible Akzente setzen. Ab 2010 nimmt sie die erneute Umgestaltung des Erscheinungsbilds in Angriff: Statt an den nach dem Krieg geglätteten Außenmauern des Blocks festzuhalten, will Tina Schmitz zur markanteren Rustika-Fassade des 1888 eröffneten Neo-Renaissancebaus zurück. Auch im Inneren lässt sie die Spuren des alten Prunk-Kaffeehauses wieder herstellen und gibt so dem Genius Loci und der alten Grandezza des Hauses wieder mehr Raum, ohne den Schulterschluss zur Zukunft zu verlieren.

Das Shopping-Erlebnis und die Erwartungen, die Neugierige und Flanierende an eine Ladenzeile herantragen, sowie das grundlegende Verständnis von Luxus sind im Internet-Zeitalter fundamental anders gelagert als noch in den 1970er- oder 1980er-Jahren: Es zählt nicht so sehr das auf den ersten Blick erkennbar kostbare und teure, sondern das Besondere – die persönliche Handschrift, die von klugen Stilprofis mit viel Umsicht zusammengestellte Auswahl eines Concept Stores, das einzigartige Erlebnis. Um dies auch über die Eckpfeiler des Luitpoldblocks hinauszutragen und den traditionsreichen Bau in eine attraktive Shopping-Umgebung einzubetten, initiiert Tina Schmitz den Verein Brienner Quartier, der den Wandel der zuletzt etwas eingestaubten, vormaligen Pracht-Flaniermeile zur neuen Edel-Shoppingdestination einleitet.

Als sich 2014/2015 manche alteingesessenen Geschäfte wie Obermaier Bäder oder Frankonia Jagd entschließen, aus dem Luitpoldblock auszuziehen, nutzt Tina Schmitz die Räumlichkeiten, um mit deren neuen Mieter*innen wegweisende Akzente zu setzen: Sie gehen an Aspesi, eine italienische Marke, die für eine zeit- wie auch alterslose Mode steht, das achtsame Beauty-Label Aesop und an Sandra Schwittau und Christopher Romberg, die für ihren in München bereits gut etablierten Concept Store »Schwittenberg« eine neue Location suchen. Gerade als dieser Wandel im Shopping-Profil des Luitpoldblocks in den Köpfen der Münchner angekommen ist, stirbt Tina Schmitz 2017 mit nur 50 Jahren. Ihr Mann und ihre beiden älteren Töchter Lea und Anna schreiben die Geschichte ihres Erbes – im Luitpoldblock und in der Stiftung Federkiel – in ihrem Sinne weiter.

a Das Café Luitpold war immer auch eine Sehenswürdigkeit. Serviererinnen vor einem Touristenbus, 1933

b Berta Häusler in ihrem Hutsalon, 1960er-Jahre

c Rosa Plaschke vom 1870 gegründeten Lederwarengeschäft

In den über 130 Jahren, in denen der Luitpoldblock nun besteht, gab es auch viele Frauen, die sein Erscheinungsbild mitbestimmten, zu deren Biografie aber kaum etwas überliefert ist.
Wie sehr die Geschäfte rund um das berühmte Kaffeehaus schon zur Zeit der Jahrhundertwende der eleganten Mode verschrieben sind, beweist unter anderem der Modellsalon von Sophie Oeldenberger, der hier und mit einer Filiale in der Amalienstraße mindestens von 1911 bis 1929 besteht – aus dieser Zeit sind zumindest Annoncen in Münchner Tageszeitungen belegt; 1929 erwähnt Thomas Mann sie auch in seinen Tagebüchern – der Salon fertigte demnach das Kleid, das Katia Mann bei der Verleihung des Nobelpreises trug. Eine Kostprobe von der überragenden Entwurfs- und Schneiderkunst Sophie Oeldenbergers befindet sich in der Mode- und Textiliensammlung des Münchner Stadtmuseums.

Nicht weniger renommiert ist der Hutsalon Berta Häusler, der in seiner 101-jährigen Firmengeschichte den passenden Kopfputz für die Damen der besten Gesellschaft und des Hochadels, aber auch für Stars auf Bühne und Leinwand kreiert. Von 1962 bis 2009 gehört der inzwischen von Renate Riedl geführte, elegante Salon unverzichtbar zum Luitpoldblock.

Als Urgestein des Blocks gilt Rosa Plaschke, die zwar keinen eigenen Laden führt, aber fast 80 Jahre lang den Wandel der Zeiten rund um den Luitpoldblock miterlebt. Kurz nach ihrem 21. Geburtstag im Jahr 1904 heiratet sie in die Familie Plaschke ein, die hier seit 1870 ein elegantes Lederwarengeschäft besitzt. Nach ihren Flitterwochen arbeitet Rosa Plaschke kräftig im Laden mit. Ihre Erinnerungen vermitteln einen anschaulichen und sehr persönlichen Eindruck, wie es damals rund um das vornehme Kaffeehaus zuging: »Mein Schwiegervater war ein geschickter Sattlermeister, der für die Aristokratie Sattelzeug anfertigte. Später auch Mappen, Etuis und Reisekoffer. Unser Geschäft florierte und wir passten sehr gut zwischen die noblen Nouveautés-Läden im Luitpoldblock. Wir befanden uns ja auch in feinster Umgebung. Jeden Morgen winkte ich dem Prinzregenten zu, der täglich um die gleiche Zeit in vierspänniger Hof-Equipage seinen Weg durch die Brienner Straße nach Nymphenburg nahm. Oft kam er auch ins Café Luitpold, meistens ganz unauffällig und bescheiden. Ich habe ihm dann immer den Wagenschlag geöffnet und ihn hereinbegleitet. Gut erinnere ich mich an ein ›hohes‹ Ereignis, das uns alle aufs Dach vom Luitpoldblock gelockt hat: Wir jubelten begeistert dem Grafen Zeppelin zu, als er das erste Mal mit seinem Luftschiff München besuchte und über der Theresienwiese zog. (...). Mein Gott! War das eine schöne und glückliche Zeit hier im Luitpold!«

LITERATINNEN

DIE
SUFFRAGETTEN

Unter den Vorreiterinnen der bayerischen bürgerlichen Frauenbewegung findet sich ein Berufsstand besonders häufig, und zwar der der Schriftstellerin: Carry Brachvogel, Helene von Forster, Emma Haushofer-Merk, Marie Haushofer – die Liste ließe sich, bei weitem nicht nur für Bayern, lange fortsetzen.

Die Gründe für diese auffällige Verquickung von literarischer Tätigkeit und frauenrechtlichem, aber auch generell politischem Engagement sind vielfältig. Eine Ursache liegt darin, dass die Beschäftigung mit Literatur, bevor die höheren Bildungswege am Ende des 19. Jahrhunderts allmählich für Frauen geöffnet werden, für sie die einzige Möglichkeit ist, sich mit anspruchsvolleren Inhalten auseinanderzusetzen. Schon der mit der Aufklärung forcierte bürgerliche Tugendkanon billigt Frauen immerhin Lektüre als Mittel zur Vervollkommnung der eigenen geistigen Fähigkeiten zu. Um die Wende zum 19. Jahrhundert entstehen, auch im Zuge des weiblichen Lesehungers, die ersten Salons; für mehr als hundert Jahre sind sie nun die Orte, an denen bürgerlichen Frauen, denen sonst ein öffentliches Auftreten nur an der Seite ihres Mannes zugebilligt wird, wenigstens in privatem Rahmen öffentlich wirken können. Die in ihren Wohnungen abgehaltenen »Jours fixes« nutzen sie, um mit anwesenden Literaten über deren Werk zu sprechen, an lebhaften Diskussionen unter den eingeladenen Gelehrten teilzunehmen, Wissen und Meinungen aufzuschnappen und sich so zumindest auf dieser Ebene ein Stück weiterzubilden. Nicht wenige Salonièren sind auch Schriftstellerinnen, oder werden es im Laufe ihrer Jahre als überaus geschätzte Gastgeberinnen dieser illustren Runden. Nur den wenigsten – etwa Carry Brachvogel (siehe S. 20) oder der in der eleganten Münchner Brienner Straße wohnhaften Elsa Bernstein, um Beispiele aus dem bayerischen Raum zu nennen – gelingt es jedoch, tatsächlich als Autorin wahr- und ernstgenommen zu werden. Die meisten Salonièren dringen mit ihren Texten kaum je über den Kreis ihres eigenen Zirkels hinaus – und müssen es auch gar nicht, da sie sich durch einen entsprechenden Ehemann in einer wohlausgestatteten ökonomischen Position befinden. Ohne die wäre das durchaus kostenintensive Unterhalten eines Salons meist gar nicht durchführbar gewesen.

Die Möglichkeiten, sich durch die Tätigkeit als Autorin ein wenngleich bescheidenes eigenes Auskommen zu sichern, sind im 19. Jahrhundert gegeben und für so manche in Not geratene Frau ein Rettungsanker, der zumindest ansatzweise von der Gesellschaft akzeptiert wird. Schließlich kann diese Art der Erwerbstätigkeit immerhin im eigenen Zuhause verrichtet werden. So wird die schreibende Frau zwischen 1800 und 1900 zu einer fast schon alltäglichen Erscheinung. Der Hunger von Buch-,

Zeitungs- und Zeitschriftenverlagen nach Texten ist so groß, dass er allein von männlichen Autoren kaum hätte gestillt werden können. Zum einen haben sich gerade in der zweiten Hälfte des 18. Jahrhunderts die Bildungsmöglichkeiten auch jenseits der gehobenen Gesellschaftsschichten stark verbessert; die Fähigkeit des Lesens ist nun nicht länger deren Privileg, sondern bis in die untere Mittelschicht verbreitet. Damit wächst die Nachfrage nach Lesestoff. Gleichzeitig ermöglichen es Verbesserungen in der Drucktechnik, Bücher, Zeitungen und Zeitschriften zu günstigeren, auch für nicht Vermögende erschwinglichen Preisen anzubieten. Des Weiteren bieten neu eingerichtete Leihbibliotheken einen wesentlich breiteren Zugang zur Literatur.

All dies führt bereits im frühen 19. Jahrhundert zur Bildung einer sehr vielschichtigen Leserschaft und zu einer zuvor nie dagewesenen Fülle an Druckerzeugnissen, die ein breites Spektrum an Leserinteressen bedienen. Damit wandelt sich auch das Berufsbild eines Schriftstellers: Er lässt sich in seinem Schreiben nunmehr nicht allein von Kunst und Muße leiten, sondern insbesondere von den Gegebenheiten des Marktes. Die hohe Nachfrage schafft auch verstärkt Publikationsmöglichkeiten für weibliche Autoren. Gerade das Verfassen der bei Publikum und Verlegern gleichermaßen beliebten Fortsetzungsromane bietet für Schriftstellerinnen ein fruchtbares Betätigungsfeld: Meist als Briefroman aufgebaut, der das Geschehen aus der inneren Perspektive einer Protagonistin widerspiegelt, wahren derartige Romane auch nach ihrer Veröffentlichung den für die gesellschaftliche Akzeptanz so nötigen Anschein des Privaten.

Die Einführung der Rotationsdruckmaschinen ab 1873 und die damit verbundenen Möglichkeiten, Druckerzeugnisse noch schneller und kostengünstiger zu produzieren, sorgen auf dem Markt der Bücher, Zeitungen und Periodika für einen weiteren Schub. Zeitschriften für verschiedenste Interessensgebiete, zunehmend gezielt auf Frauen zugeschnitten, erscheinen in immer größerer Zahl und beschäftigen nicht nur Autorinnen, sondern – in Maßen – auch Redakteurinnen und Journalistinnen. Die steigende Publikation ausländischer Literatur erfordert zudem zahlreiche Übersetzer*innen, die zu einem nicht geringen Teil Frauen sind, als solche allerdings verheerend schlecht bezahlt werden.

Wirkliche Anerkennung erfährt dieses breite weibliche Wirken im literarischen und journalistischen Bereich jedoch kaum. Ähnlich wie beispielsweise in der Malerei gesteht man Frauen zwar gewisse grundlegende Fertigkeiten zu, die etwa für das Abfassen von Novellen, kleineren Romanen oder Gedichten ausreichen. Zu wirklich großen, heroischen Werken aber, wie Heldenepen oder gar Dramen, hält man das »schwache

Geschlecht« nicht für befähigt. Elsa Bernstein, die zu den meistgespielten Bühnenautor*innen der Zeit um 1900 gehört, schreibt ihre Bühnenstücke unter dem Pseudonym Ernst Rosmer. Auch Ricarda Huch, deren die Schnittstelle zwischen Geschichtswissenschaft und Literatur auslotenden Werke über den Dreißigjährigen Krieg oder die deutsche Romantik überaus beliebte Lektüren bei Frauen wie Männern sind, wählt zum Publizieren zunächst den Decknamen Richard Hugo, um sicherzustellen, dass man ihre Schriften ernst nimmt.

Allerdings gibt es auch im Verlauf des 19. Jahrhunderts Dichterinnen, die von Männern gelesen und bewundert werden, ohne dass sie sich als männliche ausgeben. Gerade sie tragen dazu bei, dass Schriftstellerei schon vor der Jahrhundertmitte oft mit politischem Engagement gleichgesetzt wird. Das schillerndste »Rollenmodell« diesbezüglich ist die auch in Deutschland verehrte George Sand, die im Paris der 1830er- und 1840er-Jahre ein absolut unabhängiges Leben führt, eine bis heute legendäre Affäre mit dem Komponisten Frédéric Chopin beginnt und sich in Romanen und Zeitungsartikeln mit brisanten sozialen Problemen beschäftigt.

Nicht so skandalumwittert agiert die Deutsche Bettina von Arnim, die im Vormärz aufrüttelnde Sozialreportagen veröffentlicht und sich auch nach dem Scheitern der Revolution von 1848 für soziale Fragen, vor allem aber für die Gleichstellung der Frau stark macht – eine Kerbe, in die die sich in den Jahren des Vormärz formierenden, nach 1848 unaufhörlich publizistisch tätigen ersten Vertreterinnen der deutschen Frauenbewegung ebenfalls schlagen.

An vorderster Front ist Louise Otto-Peters zu finden, die, noch bevor sie 1865 in Leipzig den ersten Frauenbildungsverein gründet, mit ihrer 1848 bis 1853 erscheinenden »Frauen-Zeitung« erstmals die Gelegenheit nutzt, Frauen mit einem ganz auf sie zugeschnittenen Medium auf Missstände, zugleich auf die Möglichkeit zur Verbesserung ihrer Perspektiven durch nachhaltiges Engagement für mehr Gleichberechtigung aufmerksam zu machen. Sie findet viele Gleichgesinnte und Nachfolgerinnen – auch deshalb, weil gerade schreibende Frauen die erste und wichtigste Hürde zu Emanzipation und Selbstbestimmung, nämlich mit eigener Arbeit Geld zu verdienen, schon genommen haben. Deshalb wissen sie umso genauer, mit welchen Worten und Inhalten sie ihre Leserinnen aufrütteln und überzeugen können. Weibliche Literatur ist seitdem als Mittel zum Transportieren emanzipatorischer und anderer, nicht mit der vorherrschenden politischen Meinung konformer Ideen nicht mehr wegzudenken.

ANNETTE KOLB

1870 – 1967

Ihr politisches Lebensthema wird der Schriftstellerin Annette Kolb buchstäblich in die Wiege gelegt: Ihr Vater, man munkelt, er sei ein illegitimer Spross der Wittelsbacher, leitet den damals noch unweit des Stachus' gelegenen botanischen Garten Münchens und ist ein gesuchter Gartengestalter. Die Mutter, Tochter einer französischen Landschaftsmalerin und eines Landschaftsmalers, ist eine am Pariser Konservatorium ausgebildete Pianistin, die ihr Leben lang von einer Rückkehr nach Frankreich träumt, aber aufgrund ihrer sechs Kinder und wegen der Animositäten zwischen Deutschland und Frankreich in München festsitzt. Das einzige Stück Heimat, das sie ihr Leben lang pflegen kann, ist ihr »salon français«, in dem sich auch Annette mit ihren vielen Talenten – von der literarischen Begabung über ihr ausgezeichnetes Klavierspiel bis zu künstlerischen Gehversuchen – des Öfteren präsentiert. Allerdings ist die junge Frau von der Leere dieses Lebens, zu dem sie als höhere, unverheiratete Tochter verdammt ist, zunehmend frustriert. »In den Köpfen der Mädchen wurde ja die Leere prinzipiell gezüchtet, und durch das bisschen Geografie und Klavier der bedauerlichen Tatsache ihres Nichtbeschäftigtseins nur noch mehr Nachdruck verliehen«, schreibt Annette Kolb später rückblickend auf die Erziehung und Jugend einer ganzen Frauengeneration.

Ganz besonders intensiv fühlt sie, speziell durch die Situation ihrer Mutter, den Schaden, den die Feindschaft zwischen den Völkern anrichtet, noch bevor sie ihn wirklich begreifen und in Worte fassen kann. Ein Leben lang leidet Annette Kolb an der Zerrissenheit, die ihre enge innere Bindung zu beiden Nationalitäten in ihr hinterlässt. Von Jugend an wird ihr die Verständigung zwischen den Völkern, vor allem aber zwischen Deutschland und Frankreich zum zentralen Anliegen.

Rasch wird ihr auch klar, dass ihr Leben mit großer Wahrscheinlichkeit nicht in einen sicheren Hafen einer gutbürgerlichen Ehe münden wird. Denn zum einen ist der charakterstarken jungen Frau ihre geistige Freiheit mehr wert als die Erfüllung, die die Gesellschaft in der Rolle der Ehefrau und Mutter sieht. Und zum anderen ist im Hause Kolb trotz allen Ansehens, das der Vater genießt, ständig das Geld knapp. Mit sechs Jahren wird Annette auf ein Klosterinternat nach Tirol geschickt – ihre Aufnahme ist die Gegenleistung für einen Garten, den ihr Vater dort geplant hat.

Das Essen allerdings ist so knapp bemessen, dass das Mädchen, als es mit zwölf nach München zurückkommt, wegen der permanenten Mangelernährung nur noch schütteres Haar hat. Für den Rest ihres Lebens trägt Annette Kolb Hüte.

Reist die große Familie nach Paris, steigt sie zwar in einem repräsentativen Hotel ab, streckt aber das Frühstück heimlich über den ganzen Tag. Als einer ihrer Brüder 1896 auch noch wegen Spielschulden Hals über Kopf das Land verlassen muss, ist Annettes Mitgift und damit jegliche Perspektive auf eine gute Partie endgültig verloren.

Sich in das Heer der unverheirateten Frauen einzureihen, scheint der späteren Schriftstellerin nicht viel auszumachen. Sie schließt viele Freundschaften und pflegt eine Zeit lang eine beiläufige Beziehung zu einem Angehörigen der britischen Gesandtschaft in München. Festere Bande entstehen daraus zwar nicht, dafür aber die Inspiration zu einem Roman, der der 42-Jährigen 1912 den literarischen Durchbruch beschert, nachdem ihre erste Publikation, 1899 auf eigene Kosten veröffentlicht, unbeachtet geblieben ist. »Das Exemplar« lässt die Kritiker nun jubeln; Rainer Maria Rilke, den Annette Kolb flüchtig kennt, schickt euphorische Glückwünsche, ein Jahr später wird die Schriftstellerin mit dem Theodor-Fontane-Preis ausgezeichnet.

Dem Erfolg weiterer literarischer Arbeiten stehen allerdings der heraufziehende Erste Weltkrieg und Annette Kolbs unumwundene politische Äußerungen im Weg: Selbst in einer Zeit absoluter Frankreich-Animosität plädiert sie für die Aussöhnung beider Länder und betreibt eine »Privat-Diplomatie«, in deren Rahmen sie sich mit französischen, englischen und deutschen Botschaftern trifft und in Paris sogar in den Ruch gerät, eine Doppelagentin zu sein. Als sie bei einer Rede vor der Literarischen Gesellschaft in Dresden 1915 die nationalistische, kriegstreiberische Presse beider Länder scharf angreift, werden ihre Äußerungen so verdreht, dass Kolb, als Vaterlandsverräterin gebrandmarkt, nach zahllosen Repressalien in die Schweiz ins Exil geht.

Obwohl sie Zeit ihres Lebens den Bayern, ihrer Sprache und ihrer Lebensart verbunden bleibt, kehrt sie nach Kriegsende nicht in ihre Heimatstadt zurück, sondern kauft ein Haus im Markgräfler Land, in unmittelbarer Nachbarschaft zu ihrem Freund und Schriftstellerkollegen René Schickele. Der ist ein Seelenverwandter, nicht zuletzt auch darin, dass er als Elsässer ihre Zerrissenheit zwischen ihren deutschen und französischen Wurzeln nicht nur nachvollziehen kann, sondern teilt.

In den 1920er-Jahren bleibt sie ihrem innersten Anliegen treu und setzt sich in zahllosen Essays mit dem Thema Völkerverständigung auseinander; gleichzeitig avanciert sie zu einer vielgelesenen Autorin, was ihr ermöglicht, sich 1932, mit über 60 Jahren, einen Herzenswunsch zu erfüllen: Sie macht den Führerschein, kauft sich ein Auto, bereist die Gegenden entlang des Rheins und besucht ihre vielen Freunde.

Den Mund aber hält sie nicht, auch nicht, als sich mit der Machtübernahme der Nationalsozialisten Ende Januar 1933 das politische Klima in Deutschland endgültig wandelt. Freimütig spricht sie noch am 18. Februar in einer Sendung des Westdeutschen Rundfunks über die »Harlekinaden« des neuen Reichskanzlers. Freunde legen ihr dringend nahe, das Land zu verlassen. Sie flieht über die Schweiz zunächst nach Paris, 1941 dann nach New York.

Ein kritischer Geist bis ins hohe Alter

Fuß fassen kann die mittlerweile über 70-Jährige dort nicht; bereits kurz nach Kriegsende kehrt sie im Oktober 1945 nach Europa zurück. Was sie dort vorfindet, bietet ihr allerdings keine Heimat mehr: Ihr Haus in Badenweiler ist heruntergekommen, in ihrer Wohnung in Paris haben sich Fremde eingenistet. Nolens volens nimmt sie Quartier in einem Pariser Hotel, das bis 1961 ihr Lebensmittelpunkt bleibt. Trotzdem reist sie 1946 nach München, um zu sehen, was aus ihrer Heimatstadt geworden ist. »Unauffindbar das Haus, selbst die Straße, in der wir einst lebten, nur Trümmer rings umher«, schreibt sie. »Straßenbahnen mit ausgemergelten Gestalten zum Ersticken voll, auch an die Stufen der Zugänge geklammert, auf welchen man sie mitfahren ließ, weil ihre Füße sie nicht mehr trugen.« Mehr noch als die Zerstörung entsetzt sie allerdings die Uneinsichtigkeit der Menschen, die keinerlei Bereitschaft zeigen, sich mit dem »Dritten Reich«, seinen Gräueln und Folgen auseinanderzusetzen. Als sie Anfang der 1950er-Jahre eingeladen wird, im Bayerischen Rundfunk zu sprechen, sieht sich der zuständige Redakteur genötigt, sie vor ein paar absoluten No-Go's zu warnen. Die alte Dame empfindet dies als Affront. »Und da sagt der Mann an der Radio-Station, dies kann man den Deutschen nicht sagen, und jenes nicht«, empört sie sich. »Aber einer muss es ihnen doch sagen.«

Noch einmal wendet sich das politische Blatt, diesmal zu Gunsten der Anliegen von Annette Kolb: Als Konrad Adenauer 1951 zusätzlich zu seinem Amt als Bundeskanzler Außenminister wird, gehört die Aussöhnung zwischen Deutschen und Franzosen zu seinen zentralen Zielen. Plötzlich sind die Ansätze der inzwischen kaum mehr gelesenen Schriftstellerin wieder brandaktuell; die Hochbetagte wird mit Ehrungen überhäuft. Monetär wirkt sich dies allerdings höchstens insofern aus, als dass die Lesungen, die die bejahrte Dame aufgrund ihrer angespannten finanziellen Verhältnisse immer noch gibt, gut besucht und ihre jüngsten Texte einigermaßen gefragt sind. Anfang der 1960er-Jahre, mit inzwischen über 90, lässt sie sich von Freunden überzeugen, ihr unstetes Leben aufzugeben und in eine Wohnung im Münchner Stadtteil Bogenhausen zu ziehen. Politisch aktiv bleibt sie nach wie vor, wechselt Briefe mit Charles de Gaulle, Theodor Heuss, Adenauer oder dem bayerischen Ministerpräsidenten Alfons Goppel und bleibt in ihren Äußerungen ein kritischer Geist. Unter anderem prangert sie an, wie stark sich nun alle politischen Entscheidungen an der Marktwirtschaft orientieren. Auch Israel, ein Land, an dessen Entstehung und Entwicklung sie stets regen Anteil nimmt, besucht die 97-Jährige noch. Die allmähliche Schließung jener Kluft, die sie selbst ihr Leben lang beschäftigte, kann sie zu ihrer eigenen großen Erleichterung bereits einige Jahre vorher persönlich beobachten – anlässlich des Staatsbesuchs Charles de Gaulles 1962. Begeistert jubeln die Münchner dem Legende gewordenen französischen Staatsoberhaupt zu. »Das bayerische Volk ist wieder, wie es war«, notiert Kolb, »friedliebend und ohne Hass für andere Völker.«

FRANZISKA ZU REVENTLOW 1871–1918

1903 schreibt Franziska zu Reventlow einen Satz in ihr Tagebuch, der sich liest wie ein Lebensmotto: »…ich will überhaupt lauter Unmögliches, aber lieber will ich das wollen, als mich im Möglichen schön zurechtzulegen.« Tatsächlich arbeitet sie sich am eigentlich Unmöglichen schon von Jugend an ab, ohne Rücksicht auf Konventionen, auf an sie herangetragene Erwartungen oder auf die Konsequenzen ihres Handelns, an denen sie selbst am schwersten zu tragen hat. Als fünftes Kind eines königlich-preußischen Landrats in Husum und Lübeck aufgewachsen, rebelliert sie früh gegen die einengenden Maximen, die ein wesentlicher Teil ihrer Erziehung sind. Lediglich von den guten Französischkenntnissen, die ihr in dieser Zeit vermittelt werden, wird sie ein Leben lang profitieren. Trotz aller Verwerfungen bereits während der Schulzeit erlauben ihr die Eltern den Besuch des Lübecker Lehrerinnenseminars. Allerdings steht der jungen Frau nach dem sittsamen Dasein einer Pädagogin genauso wenig der Sinn wie nach der Suche eines geeigneten Ehemanns und einer Zukunft als treusorgende Gattin. Als sie sich dem als subversiv geltenden Lübecker »Ibsen-Club« anschließt und eine – platonische – Liebesbeziehung mit einem der Mitglieder unterhält, wird sie von ihrem Elternhaus verstoßen.

Als sie dann zudem noch von einem Liebhaber schwanger wird, flüchtet sie sich doch in eine Ehe: Sie heiratet den Hamburger Gerichtsassessor Walter Lübke, der ihr nach einer Fehlgeburt einen Traum finanziert: zwei Aufenthalte in München zum Zwecke einer Malerei-Ausbildung. Statt aber eine Kunstschule zu besuchen, taucht die junge Frau tief ein in die Kreise der Münchner Boheme. Ihre Ehe wird 1897 wegen ihres fortgesetzten Ehebruchs geschieden.

Die Münchner Künstlerkreise sind

auf Anhieb fasziniert von der Frau, die nicht nur ihrem Geist, sondern auch ihrem Körper für die damalige Zeit unerhörte Freiheiten erlaubt und sich auf unverbindliche Liebesbeziehungen unter anderem mit dem Philosophen Ludwig Klages, dem Geologen Albrecht Hentschel und dem Schriftsteller Karl Wolfskehl einlässt. Obwohl sie nach dem Scheidungsprozess hohe Schulden drücken und sie zudem schwanger ist – im September 1897 kommt ihr Sohn Rolf zur Welt – inszeniert sie sich selbst als moderne Hetäre, die Männer nicht nur wegen ihrer sexuellen Freizügigkeit, sondern wegen ihrer Bildung, ihrer Eloquenz und ihres Humors verehren. Einige ihrer Liebhaber werden zugleich auch, zumindest kurzfristig, ihre Mentoren.

Ein Leben voller Mühen, aber in Freiheit

Inzwischen hat sich Franziska zu Reventlow der Literatur zugewandt, zu schreiben begonnen und Texte in Zeitschriften wie dem »Simplicissimus« veröffentlicht; ihr Haupteinkommen allerdings bestreitet sie, zumal sie als Mutter eines kleinen Kindes viel Zeit zu Hause verbringen muss, mit Übersetzungen für den Albrecht Langen Verlag. Zwischen 1898 und 1910 überträgt sie über 40 Werke der zeitgenössischen französischen Literatur für kleines Salär ins Deutsche – ein immenses Arbeitspensum, das ihr zeitweilig auch gesundheitlich schwer zusetzt. 1903 veröffentlicht sie ihren ersten Roman, das autobiografisch geprägte Buch »Ellen Olestjerne«. Obwohl es gewisse Beachtung findet, reichen aber weder die daraus fließenden Einnahmen noch ihre Übersetzungshonorare aus, um die ständig klaffenden finanziellen Lücken zu stopfen. Immer wieder muss sie umziehen, weil ein Vermieter sie wegen Zahlungsrückstand vor die Tür setzt; ein Gutteil ihres Daseins kreist um die Herausforderung, irgendwie Geld aufzutreiben – sie versucht sich als Schauspielerin, Glasmalerin, bittet Verwandte, Freunde und Verehrer um Geld; wenn gar nichts anderes mehr übrig bleibt, prostituiert sie sich. Das ist der hohe Preis, den sie für ihre Freiheit zahlen muss.

Und dennoch lässt sie sich in ihrer fortschrittlichen Denk- und Lebensweise nicht beirren. Wie weit sie ihrer Zeit voraus ist, beweist auch ihr 1904 gefällter Entschluss, ihren nun schulpflichtigen Sohn nicht in eine der drakonisch strengen Volksschulen zu geben, sondern selbst zu unterrichten. Die Erlaubnis dazu wird ihr nur erteilt, weil sie nachweisen kann, dass sie selbst das Lehrerinnenexamen abgelegt hat. Eine überaus mutige Entscheidung, nicht nur im Hinblick auf die herrschenden gesellschaftlichen Konventionen und erzieherischen Ansichten – »...muss ihn ganz frei und für mich haben, dass mir das schöne grade Bäumchen nicht verkrümmt wird«, findet sie, – sondern auch im Hinblick auf ihre Lebenssituation. Die Perspektive, nun die Hälfte jeden Tages in die Unterrichtung ihres Sohnes investieren zu müssen, bietet für ihre finanzielle Lage nicht eben Erleichterung.

In vielerlei Hinsicht lebt Franziska zu Reventlow ein Leben ganz im Sinne der Ziele, die die emanzipatorischen Frauenvereine ausgelobt haben: Sie bemüht sich um die ohne verfügbares Vermögen schwer herstellbare finanzielle Eigenständigkeit, ordnet sich keinem Ehemann unter, trifft selbstbestimmte Entscheidungen für sich und ihr Kind. Und obwohl auch sie in zwei Aufsätzen den Status der Frau im Kaiserreich anprangert, für freie Mutterschaft, die Legalisierung nicht-ehelicher Lebensgemeinschaften und die staatliche Unterstützung alleinstehender Mütter plädiert, geht sie in ihrem 1899 erscheinenden Essay »Viragines oder Hetären« auf absoluten Konfrontationskurs mit der Frauenbewegung.

Sie diffamiert Vorkämpferinnen als »Bewegungsweiber«, »sexuelle Zwischenform« und »hermaphroditische Geister« und unterstellt ihnen eine feindliche Einstellung gegenüber jeglicher »erotischen Kultur«. Besonders explizit rechnet sie mit den Zielen und Werten ab, die gerade eben auf dem Ersten Allgemeinen Bayerischen Frauentag herausgestellt und bekräftigt worden sind: dem Recht auf Bildung, Arbeit und Beruf als einzigem Mittel, um sich aus der Abhängigkeit von Männern zu lösen. Stattdessen sieht Franziska zu Reventlow das ideale Rollenmodell der Frau in einem Dasein als – von Männern finanzierte – Hetäre und Mutter.

Neuanfang in der Schweiz

Möglicherweise trägt die langsam einsetzende Zermürbung angesichts des eigenen, unaufhörlichen Existenzkampfs nicht unerheblich zu dieser schroffen Haltung bei – schließlich erfährt sie täglich und am eigenen Leib, was es bedeutet, für sich selbst und ein Kind ganz allein verantwortlich zu sein. Die kommenden Jahre jedenfalls bringen für Franziska zu Reventlow in keiner Weise Besserung.

1910 wird ihre materielle Lage derart erdrückend, dass sie mit ihrem inzwischen 13-jährigen Sohn schweren Herzens der lieb gewonnenen Wahlheimat München den Rücken kehrt, um nach Ascona überzusiedeln. Das Motiv hinter dem Umzug aber liegt nicht in den auf dem Monte Verità versammelten Anhänger*innen der Lebensreform-Bewegung, unter denen sich auch einige Münchner Freunde befinden. Sie zieht an den Lago Maggiore, um in der Hoffnung auf eine stattliche Erbschaft eine Scheinehe mit dem baltischen Baron Alexander von Rechenberg-Linten einzugehen. Doch dessen Verwandtschaft kommt dem Betrug auf die Schliche, auch diese Perspektive zerschlägt sich. Dass sie dennoch in der Schweiz bleibt, liegt nicht nur daran, dass der russische Pass, den Franziska zu Reventlow nun führt, nach dem Ausbruch des Ersten Weltkriegs eine Rückkehr nach Deutschland unmöglich macht. Insgesamt wird die umtriebige, lebenshungrige Gräfin hier ruhiger. 1911 lernt sie in Locarno einen Rechtsanwalt kennen, mit dem sich eine feste Liebesbeziehung entwickelt. Gleichzeitig hat sie nun endlich den Kopf frei für eigenes Schreiben: 1912 erscheinen ihre Amouresken »Von Paul zu Pedro«, 1913 kommt ein Roman heraus, der bis heute als authentisches Porträt der Schwabinger Boheme gilt: »Herrn Dames Aufzeichnungen«. 1916 folgt ein weiterer, »Der Geldkomplex«, in dem sie satirisch auch mit ihrer eigenen problematischen Finanzsituation spielt.

Privat hat sich ihre Lage zu diesem Zeitpunkt zunehmend stabilisiert. »...das hiesige Idyll besteht immer noch – man wird alt und beständig«, schreibt sie Freunden 1916 im Hinblick auf die nach wie vor bestehende Liaison mit dem Rechtsanwalt aus Locarno. Zu einer Heirat, zu der sie der Geliebte drängen will, kann sie sich allerdings nicht entschließen. Das Idyll findet ein anderes, tragisches Ende: Im Juni 1918 stürzt Franziska von Reventlow vom Fahrrad und verletzt sich schwer; während der darauf folgenden Operation stirbt sie, im Alter von 47 Jahren, an Herzversagen.

»...ich will überhaupt lauter Unmögliches, aber lieber will ich das wollen, als mich im Möglichen schön zurechtzulegen.«

ERIKA MANN

1905 – 1969

Der 13. Januar 1932 markiert in vielerlei Hinsicht einen Wendepunkt im Leben von Erika Mann. Die Mutter ihres Jugendfreundes Ricki, Constanze Hallgarten, hat die Schauspielerin und Thomas-Mann-Tochter gebeten, an einer Kundgebung zum Thema Weltabrüstung Texte vorzutragen. Veranstalter sind die Internationale Frauenliga für Frieden und Freiheit, der Frauenweltbund für Internationale Eintracht und der Weltfriedensbund für Mütter und Erzieher. Denn seit dem Ersten Weltkrieg ist der Pazifismus mehr und mehr zu einem zentralen Anliegen der Frauenbewegung geworden. Erika sagt zu, vermutlich eher aus Gefälligkeit, denn aus eigenen politischen Ambitionen heraus. Bislang ist das älteste Kind des Literaturnobelpreisträgers von 1927 eher durch Bühnenskandale und private Skandälchen, elegante Reisefeuilletons oder rasante Autorennen aufgefallen denn als Meinungsführerin gegen den aufkeimenden Nationalsozialismus.

Nach dem Abitur 1924 vermittelt ihr der Vater die Aufnahme an die vom Theatergenie Max Reinhardt gegründete Schauspielschule in Berlin; abschließen wird sie die Ausbildung nicht, denn schon früh erhält sie erste Engagements – bei Reinhardt selbst, aber auch an anderen führenden Bühnen des Landes. Ihr Berliner Leben ist turbulent. Bald finden sich auch ihr Bruder Klaus, mit dem sie schon seit Kindertagen eine fast symbiotische Beziehung verbindet, sowie beider Jugendfreundin Pamela Wedekind in der pulsierenden Metropole ein. Kurze Zeit später stehen sie auch gemeinsam auf der Bühne: in »Anja und Esther«, dem ersten Bühnenstück von Klaus Mann, das zwar als Skandal bewertet wird, in München und Hamburg aber wochenlang vor ausverkauftem Haus gespielt wird – die Familie Mann ist so prominent, dass sich das Publikum darum reißt, Erika und Klaus gemeinsam auf der Bühne zu sehen.

Die Hamburger Aufführungen werden für beide auch noch aus einem anderen Grund schicksalhaft: Mit ihnen steht ein junger, überaus charismatischer Schauspieler auf der Bühne: Gustaf Gründgens. Erika heiratet ihn 1926. – Klaus verarbeitet die Enttäuschung über die Annäherung des einstigen engen Freundes an die Nationalsozialisten 1936 im Roman »Mephisto«, dem Buch, das ihn über 30 Jahre nach seinem Tod zum Kultautor machen wird.

Man kann ahnen, dass es in der Ehe bald zu kriseln beginnt, denn bereits Ende 1926 gehen Erika und Klaus gemeinsam auf Weltreise und tingeln als »The Literary Mann Twins« durch die USA; später macht Erika den Führerschein, lässt sich zur KfZ-Monteurin ausbilden, fährt mit Jugendfreund Ricki eine 10.000-Kilometer-Rallye, die sie gewinnt und unternimmt mit Klaus ausgedehnte Reisen mit dem Automobil, die beide durch Feuilletons und das Verfassen eines Cote d'Azur-Führers finanzieren. 1929 wird die Ehe mit Gustaf Gründgens geschieden; Erika schreibt leichte Zeitungsartikel und hat weiterhin Schauspielengagements, unter anderem auch im Film »Peter Voß, der Millionendieb«. Doch als dieser am 23. März 1932 in die Kinos kommt, hat sich das Blatt für Erika Mann bereits gewendet.

Politisches Kabarett gegen den Nationalsozialismus

Auf jener Friedenskundgebung am 13. Januar trägt Erika Mann nicht einmal eigene Texte vor, sondern rezitiert Passagen aus einer französischen Pazifismus-Zeitschrift. Doch während sie spricht, stört eine Abordnung der SA die Veranstaltung. Stühle fliegen, nur das beherzte Eingreifen der Polizei verhindert Schlimmeres. Drei Tage später legt das Hetzblatt der Nationalsozialisten, der »Völkische Beobachter« nach: »Die Kundgebung (...) darf München als eine Schmach verzeichnen, die einen Rückfall in die landesverräterischen Umtriebe von 1918 bedeutet. Ein besonders widerliches Kapitel stellt das Auftreten Erika Manns dar...« In Anspielung auf ihre Bisexualität wird sie als »blasierter Lebejüngling« bezeichnet, ihre ganze Familie mit einer unverhohlenen Drohung überzogen: »Das Kapitel ›Familie Mann‹ erweitert sich nachgerade zu einem Münchner Skandal, der auch zu gegebener Zeit seine Liquidierung finden muss.«

Zwar können Constanze Hallgarten und Erika Mann eine Verurteilung der Zeitung wegen Beleidigung erwirken, doch der Stachel, den die Nationalsozialisten damit gesetzt haben, zeigt Wirkung: Bereits bestehende Engagements werden Erika Mann gekündigt, im Herbst des Jahres will sie kaum noch eine Bühne in Deutschland beschäftigen. Da hat die Schauspielerin längst begriffen, dass es in Zeiten wie diesen nicht mehr – wie es noch in den 1920er-Jahren ihre Ansicht war –, ausreicht, die Politik den Berufspolitikern zu überlassen. Am inzwischen unaufhaltsamen Aufstieg der Nationalsozialisten fühlt sie sich mitschuldig: »Warum hat es mich nicht gekümmert? Mangel an Phantasie, beschämender Mangel an moralischem Elan? (...) Dass wir uns nichts vorstellen konnten war unser Sündenfall. Ohne dies, unser Verbrechen der Unterlassung, hätte die Missetat nicht begangen werden können.«

Wenigstens jetzt will sie ihre Stimme erheben. Gemeinsam mit ihrem Bruder Klaus, der befreundeten Schauspielerin Therese Giehse und dem Musiker Markus Henning gründet sie Ende 1932 ein Kabarett – offiziell literarischer Natur, doch mit massiven politischen Untertönen. Den Namen steuert Thomas Mann bei, der bei einem Abendessen im Kreis der Familie nach der auf dem Tisch stehenden Pfeffermühle greift und fragt: »Wie wär's damit?« Am 1. Januar 1933 findet die gefeierte Premiere in einem Nachtlokal in der Nähe des Hofbräuhauses statt. Zwei Monate lang spielt die »Pfeffermühle« vor ausverkauftem Haus; Tourneen nach Berlin und in andere Städte des Reichs sind geplant, in München hat man ab April einen größeren Saal gemietet. Doch der Reichstagsbrand, der den Nationalsozialisten nach der Machtübernahme als Vorwand für eine erste Verhaftungswelle dient, setzt öffentlichem Querdenken ein unerbittliches Ende. Erika und Klaus Mann flüchten zunächst in einen überstürzten »Skiurlaub« und beschwören auch die sich auf einer Vortragsreise durch die Schweiz befindenden Eltern, nicht mehr nach Hause zurückzukehren. Erika fährt im März 1933 noch einmal ein paar Tage nach München, nicht zuletzt, um Thomas Manns Manuskripte zu den »Josephsromanen« aus dem bereits von der Polizei überwachten Haus in der Poschinger Straße zu schmuggeln. Dann geht sie endgültig in die Schweiz, wo sie mit Giehse und Henning fieberhaft an einer Züricher Ausgabe der »Pfeffermühle« arbeitet. Bereits im April 1933 findet die erste, frenetisch gefeierte Vorstellung statt. Im Januar 1934 folgt ein zweites Programm, mit einer Tour durch die Schweiz und einer deutlichen Verschärfung des politischen Tons. Den Machthabern in Berlin ist das Exil-Kabarett ein Dorn im Auge, sie üben diplomatischen Druck aus: Das dritte Programm der »Pfeffermühle« im Oktober 1934 zieht Randale nach sich, die wütende Diffamierung Erika Manns durch die Schweizer Presse und die Vorbereitung ihrer Ausbürgerung seitens der Berliner Bürokratie. Nun kann sie in der Schweiz nicht mehr auftreten, Tourneen durch die Tschechoslowakei, Holland, Belgien und Luxemburg werden zunehmend schwieriger; eine geplante Wiederbelebung der »Pfeffermühle« in den USA scheitert.

Ihrer Ausbürgerung entzieht sich Erika Mann auf ihre Weise: Um einen britischen Pass zu bekommen, heiratet sie zum Schein einen homosexuellen englischen Lyriker und geht Ende 1936 in die USA, wo sie als Rednerin, später auch als Kriegsberichterstatterin tätig wird. Das führt sie in den letzten Kriegsmonaten und in der unmittelbaren Nachkriegszeit auch immer wieder nach Deutschland, wo sie für britische und amerikanische Medien auch die Nürnberger Prozesse gegen die führenden Köpfe des Unrechtsregimes begleitet. Dabei erkennt sie auch, dass das Land, in dem sie aufwuchs, innerlich für sie längst keine Heimat mehr ist. Umso intensiver bemüht sie sich um die amerikanische Staatsbürgerschaft, doch die Bearbeitung ihres Gesuchs wird immer beständig vertagt. Denn auch in Amerika schwindet Ende der 1940er-Jahre der liberale Geist, der Erika Mann bei ihrer Ankunft so faszinierte. Der Kalte Krieg zeichnet sich ab, Freigeister mit einer möglicherweise eher linken politischen Orientierung machen sich in der Ära McCarthy verdächtig. Ein missverständlicher Auftritt in einer amerikanischen Radio-Talkshow, bei der sie die Blockade Westberlins durch die Sowjets nicht rundheraus verurteilt, sondern sich um ein ausgewogenes Bild der Tatsachen bemüht, zieht – wieder einmal – wütende Polemik in der Presse nach sich, auf beiden Seiten des Atlantiks. Für Erika ist dies zum einen der Anlass, die ebenfalls in die USA emigrierten Eltern zu überreden, gemeinsam mit ihr in die Schweiz zu übersiedeln und zum anderen, das Schreiben einzustellen. »Drei Mal habe ich erlebt, wie die Hetze gegen mich alles zerstört hat, ich mich neu erfinden und wieder von vorne anfangen musste. Ein viertes Mal wollte ich das nicht mehr«, sagt sie in einem Fernsehinterview mit dem Literaturkritiker Fritz Raddatz ein Jahr vor ihrem Tod. Stattdessen widmet sie sich der Aufgabe, den Nachlass ihres Bruders Klaus zu ordnen, der 1949 Selbstmord beging, und sein Werk vor dem Vergessen zu bewahren. Auch agiert sie, bis zum Tod ihres Vaters 1955, als dessen Sekretärin, danach verwaltet sie auch dessen Nachlass. Vor allem in diesen beiden Rollen ist Erika Mann jahrzehntelang im Gedächtnis geblieben. Wie gut, dass Ausstellungen und Publikationen der jüngsten Zeit den Blick wieder auf ihr eigenes Werk, ihre vielseitigen Talente und ihre schillernde Persönlichkeit lenken.

»Dass wir uns nichts vorstellen konnten, war unser Sündenfall.«

SCHAUSPIELE-RINNEN

Wilde Naturfrauen. Radikale Rächerinnen. Abgefeimte Verführerinnen… Während die gesellschaftlichen Normen für die bürgerliche Frau des ausgehenden 19. Jahrhunderts mit den Lebensstationen von der höheren Tochter zur ergebenen Gattin und treusorgenden Mutter eine recht eindimensionale Existenz vorsehen, zeigt sich auf Gemälden oder Theaterbühnen ein ganzes Bündel an zu Typen geronnenen Weiblichkeitsvorstellungen, die mit der Realität von Frauen dieser Zeit nur am Rande etwas zu tun haben.

Nach der Reichsgründung 1871 allerdings herrscht auf deutschen Bühnen und auf monumentalen Historiengemälden noch ein ganz anderes, weniger verruchtes Schema vor: die – gerne jungfräuliche – Heroine. Von zeitgenössischen Dichtern adaptierte antike Sagen- und Dramenstoffe von Iphigenie bis Penthesilea, Schillers »Jungfrau von Orleans«, vor allem aber germanische Heldensagen finden auch jenseits von Richard Wagners Opern auf den Sprechbühnen landauf, landab eine höchst pathetische Umsetzung. Die jüngere Kulturgeschichtsschreibung sieht diese ausgeprägte Vorliebe zu rückwärtsgewandtem, national gefärbtem Pathos in unmittelbarer Verbindung zum Gründungsakt des zweiten deutschen Kaiserreichs 1871, der letztlich ohne jede Einflussnahme des Volks von Fürsten, konservativen Politikern und Militärs vorgenommen wird. Die schwelende Enttäuschung des Bürgertums über die ausgebliebene, fundamentale Erneuerung des Staatswesens wird nun mit stark patriotisch gefärbten und im Ton erzkonservativen Geschichten aus einer fernen, idealisierten Vergangenheit betäubt.

Nicht selten bringen die Frauengestalten, die die Theatergänger der 1870er- und 1880er-Jahre in diesen Historien-Dramen begeistern, Tugenden mit, die allerdings kaum ein Mann dieser Zeit einer Frau zugestehen würde: Mut. Kampfesbereitschaft. Oder den Willen, gegen das eigene Schicksal aufzubegehren. Selbstredend haben die dahinterstehenden zeitgenössischen Dichter dafür gesorgt, dass solche monumentalen Überfrauen keinesfalls als Rollenmodell für ihr weibliches Publikum taugen. Denn der Preis, den diese Bühnenfiguren für ihr unweibliches Verhalten zahlen, ist jedes Mal hoch: Sie verzichten auf jegliches zwischenmenschliche Glück, auf Liebe, einen Mann, eine eigene Familie. Und immer führt ihr Weg entweder in die Einsamkeit, oder – wenn etwa die Heroine doch von Gefühlen zu einem Mann erfasst wird – in den meist selbstgewählten Tod.

Ab etwa 1880 erobern anders gelagerte, weniger tugendhafte, deshalb aber nicht weniger typisierte und vor allem männliche Fantasien verkörpernde weibliche Rollenmuster die Theaterbühnen.

Ein gesellschaftliches Beben allerdings löst das Werk des Norwegers Henrik Ibsen aus, der ab 1864 unter anderem in München lebt und hier auch den neuen Typus des Gesellschaftsdramas entwickelt. Dieses erzählt keine heroischen Geschichten aus sagenhaften Zeiten, sondern zeigt ungeschönt und mit psychologisch differenzierten Figuren die Tragödien, die die einengende, bürgerliche Lebenswelt auslösen kann. Gleich in Ibsens zweitem, 1880 uraufgeführtem Drama »Nora oder ein Puppenheim« wagt die Protagonistin Unerhörtes: Sie behauptet sich nicht nur als dem Mann absolut gleichwertige Partnerin, das Stück endet auch noch damit, dass sie Ehemann und Kinder verlässt. Dieser Schluss wird als so radikal empfunden, dass er bei der Flensburger Uraufführung eine Abmilderung erfährt – die Frau entschließt sich, der Kinder wegen dann doch zu bleiben. Erst bei der Münchner Premiere wird der Originalschluss übernommen. Das Publikum zeigt sich durch die Verletzung gesellschaftlicher Tabus in Ibsens Theaterstücken zutiefst schockiert und bis ins Mark getroffen. Die Dramen entlarven nicht nur die wohlgeordneten bürgerlichen Lebenswelten als brüchig und menschenfeindlich, sie rücken darüber hinaus die besonders schwierige Situation der Frauen schonungslos ins Blickfeld. Nicht nur Anhänger*innen der deutschen Frauenbewegung erkennen, trotz aller Empörung, darin den Spiegel ihrer eigenen Wirklichkeit.

Verknüpft ist der Eindruck, den diese Stücke hinterlassen, auch mit einer neuen Gattung von Schauspielerinnen, die über die bislang stark typisierten Rollenfächer hinauswachsen und komplexe psychologische Charaktere verkörpern. Legendär sind beispielsweise Auftritte der italienischen Diva Eleonora Duse, die in diversen großen Ibsen-Rollen auf Deutschlandtournee geht. Gemeinsam mit der nicht weniger berühmten Sarah Bernhardt und der heute weitgehend vergessenen Clara Ziegler (siehe S. 130) steht sie für ein völlig neues Bild des Schauspielerinnen-Berufs.

Ende des 18. Jahrhunderts ist Schauspielerin, lange noch bevor es die Möglichkeiten gibt, sich als Lehrerin oder Erzieherin zu verdingen, tatsächlich eine noch halbwegs ehrbare Berufsoption für bürgerliche Frauen. Mitte des 19. Jahrhunderts allerdings gerät das Ansehen der Schauspielerin in Schieflage; das Bild, das die Gesellschaft von einer Bühnendarstellerin entwirft, rückt in die Nähe der Kurtisane. Glühend verehrte Schauspielerinnen gibt es zu dieser Zeit trotzdem, oder vielleicht gerade durch deren gedachte Nähe zur Halbwelt. Mit Duse, Bernhardt und Ziegler aber bricht sich ein Starkult Bahn, wie man ihn zuvor noch nicht gekannt hat. Zum einen bieten die neuen, schnelleren Verkehrsmittel – Eisenbahn und Dampfschiff – ungeahnte Möglichkeiten für zügig absolvierte Gastspielreisen durch Europa oder auch Amerika; Bühnenstars werden so tatsächlich zu internationalen Berühmtheiten.

Zum anderen interpretieren diese Stars ihre Rolle völlig neu: Sie inszenieren sich nicht nur auf der Bühne als Diven, sondern lassen die Inszenierung bis in ihr Privatleben hineinwirken, machen es zu großen Teilen öffentlich. So werden sie zu internationalen Trendsettern im Hinblick auf Mode und Lebensart, und sie erkennen die Potenziale, die die aufkommende Reklame finanziell sowie im Hinblick auf die eigene Bekanntheit bietet. Lange bevor der Film zum Massenmedium schlechthin wird, sind die Mechanismen des Starkults bereits etabliert.

In den 1920er-Jahren wird er geschickt genutzt, um das Bild der »neuen Frau« zu transportieren und zu typisieren. Neben Vamps, mondänen Damen und unschuldig-sportlichen Girls etabliert sich die androgyne und doch zugleich feminine Garçonne als Typ, der mit »passenden« Schauspielerinnen besetzt und auch in Zeitschriften und Reklameanzeigen entsprechend präsentiert wird. All sie verbindet, wie auch die Figuren, die sie verkörpern, die Modernität, das zum Bubikopf gestutzte Haar und die Berufstätigkeit. In Filmen mit zeitgenössischen Inhalten nimmt letztere den immer gleichen Verlauf: Die kesse junge Frau bezaubert den vermögenden Chef oder einen anderen reichen Mann ihres Umfelds und landet schließlich, aller Sorgen und den Drangsalen beruflicher Tätigkeit entledigt, glücklich im Hafen der Ehe. Auch in der Realität ist dies Traum und Ziel der meisten jungen Frauen, die nun Verkaufstheken, Schreibbüros, Telefonzentralen oder Fabriken bevölkern. Sie haben zwar Arbeit, doch die Löhne sind gering, die Arbeitszeiten lang, Aufstiegsmöglichkeiten nicht vorhanden. Aus eigener Kraft können sie sich kein Leben nach ihren Wünschen gestalten. Gesellschaftlich akzeptiert ist Berufstätigkeit für Frauen weiterhin lediglich als temporäre Beschäftigung, im Idealfall markiert sie einzig die Übergangsphase zwischen Schulabschluss und Hochzeit.

Der Zwang, sich für spätere Tage ein anderes Auskommen als das aus ihrem angestammten Beruf zu sichern, gilt ganz besonders für Filmschauspielerinnen. Denn neben ihrer Berufstätigkeit haben die modernen Frauen, die sie auf der Leinwand und mit ihrem persönlichen Image verkörpern, einen weiteren gemeinsamen Nenner: Sie sind jung. Nach der ersten Blüte werden viele, selbst davor gefeierte und gefragte Darstellerinnen, gnadenlos aussortiert. So sind die 1920er-Jahre nicht nur die Geburtsstundc cines – allerdings nur in Teilen befreiten – neuen Frauenbilds, sondern eines durch die Medien propagierten und normierten Jugendwahns.

CLARA ZIEGLER

1844 – 1909

Sie ist, wenn auch heute weitgehend vergessen, der erste wirkliche Star des deutschen Theaters. Wenn Clara Ziegler in den 1870er- und 1880er-Jahren als Schillers Jungfrau von Orleans, als Brunhild in Friedrich Hebbels »Nibelungen«, als Goethes Iphigenie oder Grillparzers Medea in Hamburg und Berlin, Leipzig und Wien, Amsterdam oder Sankt Petersburg auf der Bühne steht, jubelt das Publikum frenetisch. Jedes ihrer Gastspiele gleicht einem Triumphzug. Denn ihr bevorzugter Rollentypus und die Art und Weise ihrer Darstellung entsprechen exakt dem Geschmack der Gründerzeit. Am liebsten zeigt Ziegler sogenannte »Jungfrauen in Waffen« – tugendhafte, rüstungsbewehrte, sich jeglicher Erotik völlig unbewusste Frauengestalten, die sich einem höheren Ideal verschrieben haben. Ihre Stimme wird nicht selten mit einer Orgel verglichen, mit ihrer großen, kräftigen Statur überragt sie nicht wenige Bühnenpartner um Haupteslänge. Und die Art ihrer Darstellung, jede Geste, jede Bewegung, so wird es beschrieben, ist getragen von jenem Pathos, das das zeitgenössische Publikum so schätzt.

Dabei ist diese einzigartige Karriere keineswegs ein Kindheitstraum. Clara Ziegler wächst als Tochter eines Seidenfärbers im gutbürgerlichen Milieu Münchens auf, der Vater achtet streng auf regelmäßigen Schulbesuch und die Erfüllung sämtlicher damit verbundener Pflichten. Dann, 1859, stirbt er. Die Mutter muss sich nun um das Geschäft kümmern, die Haushaltsführung und die Sorge für die sieben jüngeren Geschwister wird der 15-jährigen Clara übertragen. In Anbetracht dieser Situation ist es wohl eher ein Akt der Fürsorge als der willkürlichen Machtausübung, dass die Mutter für sie 1860 einen geeigneten Bräutigam sucht und in einem wohlhabenden Verwandten auch findet. Dem jungen Mädchen aber sagen diese Pläne ganz und gar nicht zu. In ihrer handschriftlichen »Selbstbiografie« beschreibt sie relativ nüchtern, wie sie plötzlich ihre innere Bestimmung entdeckt: »Meine Gedanken und Wünsche hatten (...) eine andere Richtung genommen. Wir hatten einen Logenplatz im königlichen Hoftheater, und das ernste Schauspiel nahm meine Sinne gefangen. Der Entschluss zur Bühne zu gehen, hatte bisher keinen Raum in mir gefunden, doch die Absicht meiner Mutter, mich vermählen zu sollen, brachte eine entscheidende Wendung in mir hervor, ich fühlte, dass ich eine

Künstlerin, eine Schauspielerin werden müsse, und der Vorsatz zur Bühne zu gehen, stellte sich klar in meinem Inneren fest.«

Die Schilderung lässt nur erahnen, welche Kämpfe sich im Hause Ziegler abgespielt haben müssen. Ihr Ziel klar vor Augen, sucht das Mädchen den Mann auf, der seit dem Tod des Vaters ihr Vormund ist: den Hofschauspieler Adolf Christen. Auch er ist von ihren Plänen erst einmal entsetzt, zumal er bei der 16-Jährigen wenig Talent ausmachen kann. Schließlich lässt er sich zu ein paar Schauspielstunden auf Probe überreden. Bald muss er erkennen, dass er sich getäuscht hat: Das Mädchen hat eine unverkennbare Begabung. Als Fürsprecher überzeugt er in langen Diskussionen die Mutter, ihre Einwilligung zum Lösen der Verlobung und zur offiziellen Aufnahme von Schauspielunterricht zu geben. Zwei Jahre später gibt Ziegler, mit ihrem Mentor als Bühnenpartner, ihr gefeiertes Debüt am Bamberger Stadttheater, unter anderem mit einer ihrer späteren Paraderollen, der Jungfrau von Orleans. Dennoch ist ihr zunächst kein Durchmarsch beschieden. Die ersten Jahre ihrer Schauspielerinnenkarriere sind von Misserfolgen und Absagen geprägt: Weder ihre spezielle Art der Darstellung, noch ihre Figur und Stimme lassen sich nahtlos in bestehende Ensembles einfügen. Dann bekommt sie ein Engagement in Ulm. Das ist zwar nicht gerade der Nabel der Theaterwelt, dafür aber bietet die Provinz unschätzbare Vorteile: »Dort spielte ich Alles!« jubelt Clara Ziegler noch rückblickend in ihrer Selbstbiografie. Was nun folgt, ist ein Glückfall: Mit dem dortigen Intendanten wechselt sie an das neu erbaute Münchner Aktien-Volkstheater am Gärtnerplatz und gibt bei der Eröffnung am 4. November ihr Debüt als Isarnixe. Mit Adolf Christen erarbeitet sie sich, zusätzlich zu ihrem aktuellen Rollenrepertoire, die großen Heroinenrollen der deutschen Theaterliteratur und legt damit klug die Basis für ihre schauspielerische Zukunft. Rasch avanciert sie zum Münchner Publikumsliebling, auch die Direktoren diverser Hoftheater werden auf sie aufmerksam. Nach ersten, triumphal verlaufenden Gastspielen in anderen deutschen Städten erhält Clara Ziegler eine lebenslange Verpflichtung ans Münchner Hof- und Nationaltheater. Die Freude darüber allerdings weicht bald der Ernüchterung. Nun sind ihre Auftrittsmöglichkeiten deutlich eingeschränkt und das Verdienst als Hofschauspielerin um einiges niedriger als die Gagen, die sie bei Gastspielen bekommt. Sie bemüht sich um eine Auflösung des Vertrags, doch Ludwig II., der sie auch gerne für Separatvorstellungen bucht, will sie nicht gehen lassen. Schließlich kann sie durchsetzen, sechs Monate pro Jahr beurlaubt zu werden, um weiterhin Gastspiel-Verpflichtungen wahrnehmen zu können. 1874 gelingt es ihr schließlich, den Vertrag mit dem Münchner Hof- und

Nationaltheater endgültig zu lösen und dort nur noch im Rahmen von Gastspielen aufzutreten.

Da ist Clara Ziegler längst eine vermögende Frau, zählt unter den Theaterdarsteller*innen zu den bestverdienenden. Mit noch nicht einmal 30 kann sie sich ein Grundstück unmittelbar am Englischen Garten kaufen und tun, was auch männliche Großbürger und Industrielle machen, um ihren gesellschaftlichen Rang zur Schau zu stellen: sich eine repräsentative Villa bauen. Wie wenig ihre Zeitgenossen jedoch mit einer Frau anfangen können, die es ganz aus eigenen Kräften zu erheblichem Reichtum gebracht hat, beweist nicht zuletzt das nie ganz verstummende Gemunkel, die Villa sei ein Geschenk König Ludwigs II. als Dank für ihre Darbietungen gewesen.

Das neue Haus nutzt Clara Ziegler gezielt zur Selbstinszenierung: Das Erdgeschoss ist nicht nur, dem Zeitgeschmack entsprechend, üppigst eingerichtet. Überall stößt man auch auf Zeugnisse, die den Erfolg der Schauspielerin belegen: Gemälde zeigen sie in ihren wichtigsten Rollen, ein ganzer Salon ist der Präsentation ihrer Auszeichnungen und Ehrungen gewidmet. Ihr wirkliches Privatleben allerdings weiß sie von dieser Schaufassade zu trennen. Sie lebt zurückgezogen, ohne große Schlagzeilen und Affären und heiratet mit 32 ihren langjährigen, 33 Jahre älteren Mentor Adolf Christen. Als dieser 1883 mit Anfang 70 stirbt, trifft sie sein Tod so sehr, dass sie für fast eineinhalb Jahre sämtliche Auftritte absagt.

Ihre Rückkehr auf die Bühne im Herbst 1884 wird frenetisch gefeiert, läutet aber auch jene Phase ihrer Karriere ein, in der das fehlende Korrektiv Christens spürbar wird.

Schon zuvor war sie als Künstlerin höchst selbstbewusst aufgetreten. Nun wird sie noch eitler und selbstbezogener. »Ihr ganz unbeschreiblicher Erfolg, der sie im Triumph über alle deutschen Bühnen führte, entwickelte in ihr schon früh eine künstlerische Überheblichkeit, die ihr im Privatleben fremd war«, heißt es in einer 1933 über ihr Theaterwirken verfassten Doktorarbeit. »Der Beifall der breiten Masse erweckte in ihr die Vorstellung, dass ihre Kunst über jede Kritik erhaben sei. Mit einem anmaßenden Hinweis auf ihre äußeren Erfolge stieß sie jede tadelnde Kritik zurück und verharrte in ihrem Stil.«

Bis Ziegler 1903, 59-jährig, ihren Abschied von der Bühne nimmt, wird sie, ungeachtet aller radikalen Veränderungen, die das Theater gerade in diesen Jahren vollzieht, an ihrem angestammten Stück- und Rollenkanon und an ihrer pathetischen Darstellungsweise nichts ändern. Während sich beispielsweise die gleichaltrige, bis heute legendäre Sarah Bernhardt modernen Stücken und Tendenzen öffnet, ihre Spielweise grundlegend verändert und in den 1900er-Jahren sogar erste Stummfilm-Rollen übernimmt, bleibt Clara Ziegler ihren Paraderollen wie Iphigenie, Medea oder Klytämnestra unverbrüchlich treu – vermutlich der Hauptgrund, warum der Name der einen auch jetzt noch geläufig, der andere völlig vergessen ist. Dabei hat Clara Ziegler in der deutschen Theaterlandschaft bis heute Präsenz: Als sie 1909 stirbt, verfügt sie, ihre Villa, ihre Sammlung und ihr Vermögen einer Stiftung zufließen zu lassen, die ein Museum finanzieren soll: das deutsche Theatermuseum, das einen unermesslichen Schatz an Zeugnissen von Theateraufführungen ab den 1900er-Jahren bis in die Gegenwart bewahrt.

ERNA MORENA

1885 – 1962

Als Ernestine Fuchs im Herbst 1912 im Berliner Café des Westens sitzt, ist sie mehr als frustriert: So hart hat sie dafür gekämpft, Schauspielerin zu werden. Jetzt trällert sie, gehüllt in einen Purpurmantel und einen Turban mit weißen Federn, weit nach Mitternacht Chansons im »Lindenkabarett«. Ihrer Mutter schreibt sie davon lieber nichts. Denn die war von vornherein gegen derlei hochfliegende Pläne gewesen.

Als Tochter des Teilhabers einer Holzwarenfabrik und mütterlicherseits mit einer Deidesheimer Weinbauernfamilie verwandt, wächst Ernestine, die Erna gerufen wird, behütet in Wörth bei Aschaffenburg auf. Als der Vater 1895 überraschend stirbt, gelingt es der Mutter auf der Grundlage ihres Erbes, ihr Leben selbstständig zu meistern und ihre Kinder allein großzuziehen. Erna führt das typische Dasein einer gutbürgerlichen Tochter, besucht die Höhere Weibliche Bildungsanstalt in Aschaffenburg und danach ein Pensionat für höhere Töchter bei Lausanne.

Auch die Ausbildung, die sie zunächst anstrebt, ist für junge Frauen ihres Standes nicht ungewöhnlich. Mit 16 zieht sie zu ihrer Tante nach München und schreibt sich an der weiblichen Abteilung der Königlichen Kunstgewerbeschule ein. Bereits ein Jahr später wird sie als Malerin im polizeilichen Meldebogen geführt. Ihre Mutter indes arbeitet auf andere Weise an ihrer Zukunft: Sie treibt die Verlobung Ernas mit einem älteren Fabrikanten aus dem Schwäbischen voran. Wenige Wochen vor der Hochzeit aber ergreift die Braut die Flucht und lässt den Bräutigam ebenso hinter sich wie ihr Kunststudium.

Über die folgenden vier Jahre gibt es kaum stichhaltige Dokumente. Ihre Mutter überredet sie wohl, ab 1904 in Aschaffenburg eine Kochschule zu besuchen; 1906 hält sich Erna Fuchs längere Zeit in Paris auf, ab 1907 ist sie wieder in München und verlobt sich mit einem Karlsruher Anwalt. Doch dessen Familie lässt die Heirat kurz vor dem Hochzeitstermin platzen. Nun will sich Erna nicht mehr länger auf mögliche Eheperspektiven verlassen und erlernt einen seriösen Beruf: Sie absolviert in Straßburg eine Ausbildung zur Krankenschwester und wechselt 1908 ins Rudolf-Virchow-Krankenhaus nach Berlin. Als Ausgleich zur Arbeit lernt sie, zusammen mit Kolleginnen, heimlich Theaterrollen auswendig.

Dann gelingt ihr ein erster Coup: 1909 wird sie an der Schauspielschule des Deutschen Theaters aufgenommen. Es ist jene Bühne, mit der der Regisseur Max Reinhardt seit einigen Jahren Theatergeschichte schreibt, weil er unter anderem statt auf gemalte Bühnenbilder auf realitätsnahe, plastische Kulissen setzt, die den Zuschauer Abend für Abend in eine täuschend echte Traumwelt entführen. Erna Fuchs wird begeisterter Teil dieses Zaubers; 1910, im Anschluss an ihre Schauspielausbildung, erhält sie eine Verpflichtung als »Schauspielerin mit Komparserie und Tanzverpflichtung«. Umso größer ist die Enttäuschung, als ihr Engagement 1911 nicht verlängert wird. Ein Jahr lang hält sie sich mit Kabarett-Auftritten über Wasser, geht immer wieder ins Café des Westens, weil es quasi als Vermittlungsbörse für Literaten und Theaterleute gilt, aber auch für eine neue Branche, die viele immer noch als flüchtige Jahrmarktsattraktion abtun: den Film.

Über einen Schauspielerkollegen lernt sie den Regisseur Jenö Illés kennen, der sie nach wenigen Probeaufnahmen für eine fürstliche Gage auf ein Jahr verpflichtet und ihr im gleichen Atemzug die erste Hauptrolle anbietet. Nun kann Erna die besorgte Mutter beruhigen und optimistisch in die Zukunft blicken: »Die Filme waren noch schwer zu besetzen, denn die bekannten Schauspieler hielten es für unter ihrer Würde, für den ›Kientopp‘ zu arbeiten. So bekam ich Anfängerin ziemlich leicht eine Hauptrolle«, notiert sie rückblickend. »Ich spielte sie mit Hingabe, Bangen und Freude. Die ›Sphinx‹, so hieß der Film, wurde ein Erfolg. Nun begann eine wilde Arbeitszeit. Einen Film nach dem anderen hatte ich unter der Regie von Illes (...) gedreht.«

Um sie als zugkräftigen Star zu präsentieren, bekommt die frischgebackene Kino-Königin einen neuen, exotisch-geheimnisvollen Nachnamen – Morena – und auch einen dem gewünschten Image angepassten Lebenslauf. Aus der fränkischen Fabrikantentochter wird das Kind französischer Emigranten, das von einem Gut im Elsass stammt. Das Alter der inzwischen 26-Jährigen wird um fünf, später sogar um sieben Jahre nach unten korrigiert. Die Kalkulation geht auf: Vor Ausbruch des Ersten Weltkriegs ist Erna Morena eine der gefragtesten deutschen Filmschauspielerinnen, posiert für Modeaufnahmen, zeigt sich auf Film- und Pressebällen oder gewährt Klatsch-Journalisten einen Einblick in ihre Wohnung.

Ein Mann tritt bei all diesen öffentlichen Auftritten kaum in Erscheinung; der, den sie liebt, lebt in München. Den jüdischen Literaturhistoriker und Publizisten Wilhelm Herzog hat Erna Morena bereits 1909 kennengelernt, doch da sie durch ihre Arbeit an Berlin gebunden ist, führt das Paar eine Fernbeziehung. Im Sommer 1914 schiffen sich beide zu einer

Mittelmeerkreuzfahrt ein, werden aber überrascht vom Ausbruch des Ersten Weltkriegs. Nach einer schwierigen Rückkehr nach Deutschland stellt Erna fest, dass sie schwanger ist. Das Paar heiratet Ende 1914, am 2. März 1915 kommt die Tochter Eva-Maria zur Welt.

Bald aber zieht es Erna Morena wieder in die Berliner Studios. In München kümmern sich Wilhelm Herzog, ein Kindermädchen und vor allem Ernas Mutter um das Töchterchen. 1917 übersiedeln auch Herzog und Eva-Maria nach Berlin. Folgt man Wilhelm Herzogs Tagebüchern, verläuft das Eheleben weniger harmonisch. Zerrissen zwischen beruflichen und privaten Pflichten, reibt sich die junge Mutter völlig auf. Obwohl noch immer Krieg herrscht, läuft das Filmgeschäft auf Hochtouren; gleichzeitig aber spielt langsam das Alter gegen Erna Morena, immerhin ist sie inzwischen über 30. Deshalb gründet sie 1918 die Produktionsfirma Erna Morena-Film. Die Erfolgsaussichten scheinen gut: Das Publikum giert, zumal keine Filme aus dem Ausland importiert werden können, nach deutschen Produktionen. Doch die ersten Filme, die die junge Firma Ende 1918 herausbringt, haben nicht den erwünschten Erfolg. Die Schauspielerin und Produzentin sieht die Ursache dafür in den revolutionären Umtrieben, die die Menschen davon abhalten, ins Kino zu gehen. Doch mit Kriegsende ist der Konkurrenzdruck im Filmgeschäft gewaltig gewachsen, Produktionsfirmen schießen wie Pilze aus dem Boden, ausländische Filme überschwemmen den Markt. Erna Morenas eigene Produktionen gehen in der Masse unter. Der Stress wirkt sich, wie Wilhelm Herzog 1918 notiert, auch privat aus: »In traurigen Gedanken an Erna. Hilflos dem äußeren Leben gegenüber. Unfähig, es zu beherrschen. Stößt sich an allen Ecken. Ihr unmöglich zu helfen. Verdient eine Riesensumme und hat nichts davon. Kommt überhaupt nicht in den Genuss des Daseins.« Das Paar trennt sich 1921.

Da ist die Erna Morena-Film längst wieder Geschichte, die Karriere der Diva aber lebt ein weiteres Mal auf. Sie bekommt zwar nicht mehr so viele Hauptrollen angeboten, doch wenn, dann dreht sie mit allen Größen ihrer Zeit: mit den Regisseuren F.W. Murnau, G.W. Pabst oder Fritz Lang, mit Schauspielern wie Emil Jannings und Conrad Veidt. Ende der 1920er-Jahre schafft sie den Sprung zum Tonfilm. Doch die Rollen werden für die mittlerweile 45-Jährige zunehmend kleiner. Mütter, gar Großmütter darzustellen, passt nicht zu Morenas bisherigem Image und reizt sie wegen der großenteils volkstümlichen Prägung derartiger Figuren kaum.

Ab 1934 ist sie zunehmend wieder in München anzutreffen, lebt – neben den immer spärlicher werdenden Filmgagen – vom Anfertigen künstlerischer Arbeiten. Dann hat sie eine Idee, wie sie ihre zur Filmbranche bestehenden Verbindungen und den Klang ihres Namens noch einmal nutzen kann: Sie eröffnet in der Königinstraße zwischen Englischem Garten und Ludwigskirche eine Pension – klein genug, um keine offizielle Genehmigung zu brauchen, groß genug, um mit dem Geld, das vier Dauermieter bezahlen, zu überleben. Bis 1939 bewährt sich dieses Modell; der Ausbruch des Zweiten Weltkriegs allerdings wirkt sich verheerend aus; das bis heute erhaltene Gästebuch ihrer Pension weist im Jahr 1940 keinen einzigen Eintrag auf. Das mag einer der Gründe gewesen sein, warum sie sich entscheidet, in einem Projekt mitzuwirken, bei dem ihr ehemaliger Filmpartner Veit Harlan die Regie führt, im Propagandafilm »Jud Süss«. – Im selben Jahr wird ihr Ex-Mann als Jude in Südfrankreich in einem Sammellager interniert. – Wahrscheinlich liegt es an diesen Umständen, dass dieser ihr nach 1945 immer wieder Nähe zum NS-Regime unterstellt; konkret überliefert ist hierzu nichts.

Dem Gästebuch der Pension lässt sich vielmehr entnehmen, dass Erna Morena ihren Mietern gerade in den Kriegs- und frühen Nachkriegsjahren ein Refugium und ein Stückchen heile Welt bietet. »Viel Schicksal erlebte ich schon hier im Hause / ganz abgesehen vom köstlichen Schmause / Ich lebte, ich liebte, ich heiratete hier / Und meine Frau ist auch ganz glücklich mit mir«, lautet etwa der Eintrag, den der spätere »Kommissar«-Darsteller Erik Ode im Februar 1942 hinterlässt.

Auch nach Kriegsende führt Erna Morena den Pensionsbetrieb weiter; allerdings muss sie 1955 noch einmal umziehen, da ihr die Wohnung gekündigt wird. Eine Straße weiter, in der Kaulbachstraße, eröffnet sie – mit inzwischen 70 – in einem Gartenhaus eine neue »Pension Erna Morena«, die mit 27 Zimmern wesentlich größer ist und auch gewerblich als Pension firmiert. Das Publikum ist zahlreich und illuster – im Gästebuch stehen der Philosoph Martin Heidegger, Picassos geschiedene Frau François Gillot, der Dichter Jean Cocteau, die österreichischen Künstler Ernst Fuchs und Friedensreich Hundertwasser – und natürlich Theaterleute wie etwa Curt Goetz. Der Betrieb floriert, die Geldsorgen sind Vergangenheit. Endlich kann Erna Morena etwas kürzertreten und es sich auch einmal gut gehen lassen.

1962 stirbt sie, überraschend aber friedlich, beim Zeitunglesen nach dem Frühstück.

THERESE GIEHSE

1898 – 1975

Wenn Therese Giehse etwas nicht ausstehen kann, ist es Stillstand. »Ganz hübsch, aber so zeitraubend…«, befindet die Tochter eines Münchner Seiden- und Posamentierwarenhändlers schon nach ihrem ersten Schultag. Sie wird nie eine gute Schülerin sein und in der Klasse nie wirklich Anschluss finden, denn es fehlen ihr der Fleiß und der Wille sich anzupassen. »Die Leut haben bestimmte Erwartungen, wie einer sich zu verhalten hat. Verhält man sich nicht diesen Erwartungen entsprechend (…) gilt man schnell als schwierig (…)«, sagt sie in einem biografischen Gespräch mit der Journalistin Monika Sperr. »Die meisten Leute sind nicht wirklich freundlich. Sie tun nur freundlich. Ich mag halt nicht mittun. Ich bin lieber sachlich. Aber Sachlichkeit vertragen die Leut nicht.« Neben ihrer direkten, offenen Art gibt es noch etwas anderes, womit sie aneckt: Sie ist Jüdin, und der Antisemitismus ist bereits im München der 1900er-Jahre ein durchaus beängstigendes Phänomen. Später resümiert sie diesbezügliche Kindheitserlebnisse mit der ihr eigenen, unvergleichlichen Mischung aus Hellsichtigkeit, Direktheit und einem über allen Dingen stehenden, trockenen Humor: »Ich war dick und rothaarig und hatte den Herrn Jesus umgebracht.«

Als sie 13 ist, stirbt der Vater an einer Herzkrankheit; die Mutter und ihr ältester Bruder führen das Geschäft weiter. Nach dem Ausbruch des Ersten Weltkriegs werden ihre Brüder eingezogen. Therese verlässt die Schule, um im Betrieb mitzuhelfen, entdeckt in dieser Zeit aber auch heimlich ihre Leidenschaft fürs Theater. Wohl wissend, dass sie von ihrer äußeren Erscheinung her nicht unbedingt den Idealvorstellungen einer jungen Schauspielerin entspricht, eröffnet sie ihr erstes Vorsprechen mit dem legendären Satz. »Ich weiß, ich bin zu dick, aber das Gretchen will ich ja gar nicht spielen.« Dies wird sie tatsächlich niemals tun, allerdings ist der Theatermann, bei dem sie diesen ersten Anlauf wagt, allein schon von dieser Äußerung so beeindruckt, dass er sie an eine versierte Schauspiellehrerin vermittelt. Die erkennt das immense Talent der jungen Frau und die Art von Rollen, die ihr liegen: nicht die klassischen, geradlinigen Mädchen und jugendlichen Liebhaberinnen, sondern Mütter und komplexe ältere Frauen, die in ihrem Leben viel gesehen haben, von inneren Brüchen und Widersprüchen gezeichnet sind. 1930 wird sie an den Münchner Kammerspielen beispielsweise in der damals beliebten Komödie »Sturm im Wasserglas« Erfolge als ältliche, in bescheidenen Verhältnissen lebende Hundebesitzerin Vogl feiern, die hartnäckig dafür kämpft, dass eine Erhöhung der Hundesteuer zurückgenommen wird – Therese Giehse ist da gerade einmal 32 Jahre alt. Der Weg nach dem Schauspielunterricht führt allerdings nicht geradewegs in das renommierte Haus an der Maximilianstraße, sondern erst einmal recht holprig über Berlin und diverse Provinzstädte nach Breslau, damals eine Theater-Talentschmiede für den gesamten deutschsprachigen Raum. Von dort wird sie an die Münchner Kammerspiele engagiert, die bald darauf einen neuen Intendanten bekommen, der einen innovativen, kritischen, bisweilen politischen Theaterstil etabliert: Otto Falckenberg. Zwischen 1926 und 1933 brilliert sie in Charakterrollen quer durch die Theaterliteratur, von Shakespeare über Büchner bis Brecht. Doch obwohl das Haus bald zu den besten Sprechtheaterbühnen Deutschlands zählt, ist dessen finanzielle Lage angespannt und muss 1932, obwohl der Spielbetrieb weiterläuft, Konkurs anmelden. Parallel probiert Therese Giehse ein für sie neues Genre aus: Mit Erika Mann (siehe S. 121), der sie seit 1927 eng verbunden ist, gründet sie das Kabarett »Pfeffermühle«, das ab Januar 1933 in einer Kellerbühne unweit des Hofbräuhauses auftritt. Für Therese Giehse, die so gut wie jeden Abend in den Kammerspielen auf der Bühne steht, bedeutet dies, in den Pausen hinüber zum Hofbräuhaus zu eilen, dort eine erste Nummer zu spielen, zurück in die Kammerspiele zu hasten, um sich nach Vorstellungsende wiederum dem Kabarettensemble anzuschließen. Dieses irrwitzige Arbeitspensum findet allerdings schneller ein Ende, als es der Schauspielerin lieb ist. Nach der Machtübernahme der Nationalsozialisten spitzen sich die Verhältnisse im Spätwinter 1933 rasch zu, und Therese Giehse ist nicht nur Jüdin, sondern hat sich mit ihren Auftritten in der »Pfeffermühle« auch klar als Gegnerin des neuen Regimes zu erkennen gegeben. Am 13. März flieht sie zu den anderen Pfeffermühlen-Mitgliedern in die Schweiz.

Erste Jahre im Exil

Rasch wird in Zürich ein erfolgreiches Exil-Programm des Kabaretts auf die Beine gestellt, ein weiteres folgt. Jedes Mal verschärft sich der politische Ton, schließlich verhängt die Schweiz auf Druck der deutschen Regierung ein Auftrittsverbot. Nun tourt die »Pfeffermühle« durch die noch nicht faschistischen Länder Europas, die Tschechoslowakei, Holland, Belgien, Luxemburg. Therese Giehse wird, wie Erika Mann, die deutsche Staatsbürgerschaft aberkannt, auch sie heiratet zum Schein einen englischen Schriftsteller, um ihren staaten- und rechtlosen Zustand zu beenden. Erika Mann ist es schließlich, die auf dem Versuch besteht, mit »The Peppermill« auch in den USA Fuß zu fassen – ein Vorhaben, das nach Meinung Giehses von vorneherein zum Scheitern verurteilt ist. Aber sie gibt nach und muss in den wenigen New Yorker Vorstellungen bitter erfahren, wie recht sie hatte. »Die Texte waren miserabel übersetzt, nichts war vorbereitet, nichts überlegt. Das ganze amerikanische Gastspiel war eine völlig überflüssige Fahrt ins Blaue.« Nach 1034 Vorstellungen in Europa und einigen wenigen in Übersee ist die Zeit der »Pfeffermühle« Anfang 1937 unwiderruflich zu Ende.

Berühmte Rollen für die berühmte Schauspielerin

Während Erika Mann in den USA bleibt, kehrt Therese Giehse nur vier Wochen nach Beginn der Tournee wieder nach Zürich zurück und wird Mitglied des Schauspielhauses – zwar für eine mehr als magere Gage, dafür aber mit der Möglichkeit, mit einigen der besten Schauspieler*innen des deutschen Sprachraums auf der Bühne zu stehen, die alle ebenfalls nach Zürich emigriert sind. 1941 schickt ihr der inzwischen ebenfalls im Exil lebende Bert Brecht, den sie noch von ihrer Zeit an den Kammerspielen kennt, ein neues Stück, dessen Hauptfigur wirkt, als sei sie Giehse auf den Leib geschrieben: Die »Mutter Courage« in ihrem Miteinander von Kriegsverrohung, hartem Geschäftssinn und mütterlicher Fürsorge halten viele für die Rolle ihres Lebens. Die Uraufführung im April 1941 begründet eine für viele Jahre währende, enge und kongeniale Zusammenarbeit: in Zürich, ab 1949 am von Brecht gegründeten Berliner Ensemble, schließlich auch in München, wo Brecht die »Mutter Courage« neu inszeniert. 1954 kehrt Therese Giehse endgültig nach München zurück, bleibt aber Brecht und Berlin wie auch dem Zürcher Schauspielhaus weiterhin verbunden.

Mitte der 1950er-Jahre beginnt eine überaus enge Zusammenarbeit mit einem weiteren Dramatiker, dem Schweizer Friedrich Dürrenmatt. In der Uraufführung seines »Besuchs der alten Dame« spielt Therese Giehse die abgründige Titelrolle. Die Hauptfigur seines nächsten Stücks schreibt ihr Dürrenmatt 1961 quasi auf den Leib: die selbst wahnsinnige Irrenärztin Mathilde von Zahnd in »Die Physiker«. Auch hier wird die Interpretation Giehses zur bis heute bewunderten Legende.

Dass sie auch mit 70 noch nicht müde ist, Neues zu lernen und sich neue Theaterformen zu erschließen, zeigt ihre Zusammenarbeit mit jungen, rebellischen Theatermachern der 68er-Generation – Martin Sperr etwa oder Franz Xaver Kroetz. Beiden hilft Therese Giehse durch ihre eigene Berühmtheit nicht unerheblich, bekannt und beachtet zu werden. Und sie arbeitet an der Schaubühne am Halleschen Ufer in Berlin mit einem Regisseur zusammen, den sie als genauso inspirierend empfindet wie seinerzeit Bertolt Brecht: Peter Stein. »Er ist ein großer Erneuerer, ein Nachdichter, phantasievoll, ehrlich, genau in der Arbeit – kein leichtfertiger Schummler. Bei ihm ist alles überprüfbar, bei ihm ist alles ehrlich. (...) Stein hat viel von Brecht, ist ihm in der Arbeitsweise ähnlich. Ich bin nun mal eingeschworen auf die zwei.«

Weniger gern als auf der Bühne steht Therese Giehse vor der Kamera. Zum Glück kann Helmut Dietl, der in seinen Anfangsjahren als Regieassistent an den Münchner Kammerspielen tätig war, die 76-Jährige dennoch für seine fürs Vorabendprogramm des Bayerischen Rundfunks geplanten »Münchner Geschichten« gewinnen. Die Serie um eine alte Dame und ihren erwachsenen Enkel, die von ihrer Altbauwohnung im Lehel in ein gesichtsloses Neubauviertel umziehen müssen, lebt nicht nur vom umwerfenden Charme des jungen Günther Maria Halmer, sondern ebenso von der Lebensklugheit und Güte, dem Humor und der gesunden Skepsis, die Therese Giehse ihrer Figur einschreibt. Auch die Oma wird zur Legende. Wenige Monate nach der Erstausstrahlung stirbt die Schauspielerin im Februar 1975 an den Folgen einer Operation.
Wie groß die Lücke ist, die sie hinterlässt, beschreibt Franz Xaver Kroetz, der für sie 1973 das Fernsehspiel »Weitere Aussichten« schrieb: »Die Giehse ist nie vordergründig und hat doch nichts Hintergründiges. Das macht sie so sehr groß. Sie hat nur das, was sie sich überlegt hat, und das, was sie aus diesen Überlegungen ausgewählt hat. Alles ist überschaubar, durchschaubar und ganz deutlich. Wenn es das Gegenteil von Schmiere gibt, dann ist die Giehse das Gegenteiligste von Schmiere, was man sich überhaupt nur vorstellen kann. Das macht sie so unentbehrlich (...).«

MODE- UND INTERIOR-DESIGNERINNEN

Die letzten Dinge

(Zeichnung von M. Dudovich)

„Bereit sein ist alles: auch für die Sintflut hab' ich ein totschickes Badekostüm."

Es ist schon im ausgehenden 18. Jahrhundert Symbol für höchste Sittsamkeit: das Bild der braven Bürgersfrau zu Hause am Fenster sitzend und völlig in ihre Stickerei vertieft. Tatsächlich gehört das Verrichten von Stick- und Näharbeiten, spätestens seit das Anfertigen der Kleidung auch in der gehobenen Mittelschicht an professionelle Schneider und Näherinnen ausgelagert wird, zu den wünschenswerten weiblichen Beschäftigungen. Für Frauen der unteren Schichten bietet die Arbeit als Näherin bei einem Schneidermeister, oder als Weißnäherin für Wäsche und Aussteuer dagegen eine akzeptierte Erwerbsmöglichkeit. Selbst Frauen der Bürgerschicht können sich damit, solange sie das Nähen in Heimarbeit verrichten, im 19. Jahrhundert zumindest einen Zuverdienst sichern. Da dieses Betätigungsfeld gewissermaßen als urweibliches Metier weithin gesellschaftlich akzeptiert ist, bietet es den Frauen um die Wende zum 20. Jahrhundert sogar vergleichsweise breite Möglichkeiten, handwerklich, vor allem aber gestalterisch tätig und darin anerkannt zu werden. Die Erfindung relativ handlicher Maschinen, die das Nähen und Sticken in guter Qualität, zugleich aber in einer um ein Vielfaches höheren Geschwindigkeit als in reiner Handarbeit möglich machen, erleichtert es ihnen, sich in diesen Bereichen sogar eigene Ateliers aufzubauen.

Hier bietet ferner der aufkommende Jugendstil gerade in seiner Münchner Prägung den Frauen anspruchsvolle berufliche Möglichkeiten. Als in textilen Techniken kundige Entwerferinnen beweisen sie ihr Können bei der von dieser Epoche angestrebten einheitlichen Gestaltung von Räumen, in denen Möbel, Tapeten oder Wandbespannungen sowie Textilien aufeinander abgestimmt sind. Ein derartiges Wohnkonzept kann durch maschinell gefertigte Bestandteile auch für eine breitere Bevölkerungsschicht erschwinglich werden – ebenfalls eine Maxime des Jugendstils.

Das Gebiet der textilen Gestaltung gehört zu den ganz wenigen Bereichen, in denen weibliche Expertise im Vergleich zu den Fähigkeiten des männlichen Geschlechts nicht von vorneherein geringgeschätzt, sondern als gleichwertig akzeptiert wird.

Schon kurz nach der unter anderem von den Architekten und Designern Bruno Paul, Richard Riemerschmid und Hermann Obrist 1898 zur Produktion innovativer Einrichtungsgegenstände initiierten Gründung der Vereinigten Werkstätten für Kunst im Handwerk in München und Bremen liegt die Leitung des Textilbereichs in weiblicher Hand. Als sich das Unternehmen 1900 auf der Pariser Weltausstellung erstmals international präsentiert, sind unter den Exponaten im Bereich Stickerei Arbeiten von Frauen ganz selbstverständlich neben Entwürfen von Männern ausgestellt. Auch bei der Gründung des Deutschen Werkbunds, der noch stärker als die Werkstätten die Arbeit von Künstlern, Architekten und Designern mit kunstgewerblicher Industrieproduktion verschränken will, ist es mit Margarethe von Brauchitsch (siehe S. 149) eine Frau, die den Bereich der Wohntextilien vertritt.

Brauchitschs Reformwille beschränkt sich – ebenso wenig wie der der ebenfalls involvierten Architekten Hermann Muthesius und Henry van de Velde – keineswegs auf die zeitgemäße Gestaltung erschwinglicher Sofakissen, Tischläufer oder Vorhänge. Alle drei entwickeln neue Konzepte für die Kleidung der Frau. Am Anfang stehen diese, vor allem bei van de Velde, noch ganz im Kontext der Jugendstilidee vom Innenraum als Gesamtkunstwerk, in das sich ebenso das Kleid der Hausherrin als individuell entworfenes Künstlerkleid integriert. Bald jedoch schließt sich auch er einer anderen, viel weiter reichenden Idee an: modische Kleidung den wirklichen Bedürfnissen der Frauen anzupassen. Auf dem Internationalen Kongress für Frauenwerke und Frauenbestrebungen, an dem Anita Augspurg und andere Protagonistinnen der Münchner Frauenbewegung teilnehmen, geht es auf zwei vielbeachteten Podiumsdiskussionen um den Einfluss der Kleidung auf Gesundheit und Selbstbestimmungsmöglichkeiten.

Die Befreiung vom Korsett

Beide Aspekte sind gleichermaßen relevant: Zwar verschwinden inzwischen die extrem ausladenden Krinolinen der 1860er-Jahre und die nach hinten aufgebauschten Tournüren der 1880er-Jahre, das Korsett aber gehört nach wie vor zur Grundbekleidung, ohne die sich keine wohlanständige Frau öffentlich zeigt; gemäß der aktuellen Mode zwingt es den Körper nach 1900 in eine besonders ungesunde S-Form. Die Folgen des permanenten Korsett-Tragens über Jahrzehnte hinweg reichen von Kurzatmigkeit über Veränderungen an Brustkorb und Wirbelsäule bis zum Abschlaffen der Bauch- und Rückenmuskulatur durch die permanente künstliche Stütze. Die reduzierte Atmung zieht zudem eine eingeschränkte Leistungsfähigkeit und Vitalität nach sich, die die Belastbarkeit bei einer Berufstätigkeit, selbst wenn diese nicht mit körperlicher Arbeit verbunden ist, erheblich einschränkt. Im wahrsten Sinn des Wortes erschwerend kommt hinzu, dass das Hauptgewicht der Kleidung – die Garderobe bürgerlicher Damen wiegt zu jener Zeit ohne Mantel etwa 4,5 Kilo – nicht wie heute an den Schultern aufgehängt ist, sondern an den Hüften, was natürliche Bewegungsabläufe erheblich behindert.

Die öffentliche Aufmerksamkeit, die der Kongress mit seinen beiden der Kleidung gewidmeten Veranstaltungen erregt, ist so umfassend, dass im Folgejahr der Allgemeine Verein für Verbesserung der Frauenkleidung mit zwölf über ganz Deutschland verteilten Regionalgruppen ins Leben gerufen wird. Die Mitglieder propagieren eine Mode, die gesund, schön und praktisch ist und fordern unter anderem eine Vereinfachung der Unterwäsche, die Erleichterung des Zugs an den Hüften, die Bewahrung der natürlichen Körperform, das selbstbestimmte Design moderner Kleidung und eine Kürzung der Rocklängen für Straßenkleidung, um die Fortbewegung zu erleichtern. Über Jahre wird das Thema in der Frauenbewegung intensiv diskutiert. Wie sehr die Verzahnung der Problematik alltagstauglicher, nicht einschränkender Kleidung mit den anderen emanzipatorischen Fragestellungen allen dort Engagierten bewusst ist, beweist ein Artikel, den die Frauenrechtlerin Minna Cauer 1907 für die britische Tageszeitung »Independent« schreibt: Eine wirkliche Befreiung der Frau sei überhaupt nur dann möglich, wenn sie sich genau nach ihren eigenen Wünschen und Bedürfnissen kleiden kann und keinen Modediktaten mehr folgen muss.

Bereits 1903 hat Anna Muthesius, die in diesem Bereich sehr engagierte Frau des Architekten und Werkbund-Gründers Hermann Muthesius, die wichtigsten Aspekte einer sinnvollen Reformkleidung in einem wegweisenden Buch zusammengefasst: »Das Eigenkleid der Frau«. Darin fordert sie unter anderem, dass sich die Gestalt eines Kleidungsstücks an den physischen Gegebenheiten seiner Besitzerin orientieren sollte, statt deren Körper gemäß einer modischen Silhouette zu manipulieren. Die verwendeten Stoffe sollten preiswert und robust statt kostspielig und luxuriös sein und eine breite Palette an Aktivitäten zulassen. Generell sollten Frauen ihre Kleidung gemäß ihrer Individualität gestalten und auswählen können, statt sich blind dem Modediktat aus Paris unterwerfen zu müssen. Tatsächlich bietet das Bestreben, tragbare und zugleich schöne Reformkleidung als echte Alternative zur herkömmlichen Mode nach Pariser Vorbild vorzustellen, einer ganzen Reihe deutscher Designer*innen die Möglichkeit, mit eigenen Entwürfen Aufmerksamkeit auf sich zu ziehen. Eine von ihnen ist die Nürnbergerin Else Oppler (siehe S. 153), die 1904 im Berliner Kaufhaus Wertheim und 1905 im Münchner Kaufhaus Oberpollinger eine Präsentation von Reformkleidern organisiert.

Diese gerade erst eröffneten Einkaufstempel sind ohnehin eine Domäne der Frauen, weil sie sich dort – im Gegensatz zur offenen Straße – auch ohne Anstandsbegleitung bewegen dürfen. Die Kaufhäuser etablieren eine ganz neue Art der Konsumkultur. Statt wie zuvor aufgrund eines konkreten Bedarfs ein spezialisiertes Geschäft aufzusuchen, kann man hier unverbindlich durch die Abteilungen flanieren, vergleichen, sich inspirieren lassen, und vieles entdecken, was auch jenseits eines unmittelbaren Bedürfnisses Nutzen und Freude machen könnte. Gerade das Kunstgewerbe des Jugendstils entdeckt die neuartigen Kaufhäuser als ideale Präsentationsfläche für sich; insofern liegt die Möglichkeit, in diesem Rahmen auch Reformkleidung zu zeigen, praktisch auf der Hand. Um deren Vorzüge möglichst wirkungsvoll herauszustellen, präsentiert Else Oppler die Modelle nicht an Puppen. Stattdessen tragen Verkäuferinnen die Kleider, während sie ihrer normalen Arbeit nachgehen. Zur Wahl stehen etwa 50 Modelle, die Verkäuferinnen ziehen sich mehrmals am Tag um.

Allerdings ist trotz aller Bemühungen den deutschen Reformkleidern kein durchschlagender Erfolg beschieden. Den großen Damen der Gesellschaft sind sie nicht elegant genug; der öffentliche Verzicht aufs Korsett scheint allzu provokant. Die Frauenrechtlerinnen bemängeln die fehlende Zweckmäßigkeit. Zudem sind die meist künstlerisch inspirierten Kleider in der Herstellung so teuer, dass sie nur für die Oberschicht erschwinglich sind. Der Versuch, mit den Reformkleidern die Vormachtstellung der Pariser Mode in Deutschland zu brechen, schlägt auf allen Ebenen fehl. Erst um 1910 machen Bilder einer korsettfreien Mode die Runde, die allen Anforderungen – außer der Erschwinglichkeit – perfekt entspricht. Entworfen hat sie – man möchte fast sagen, natürlich – mit Paul Poiret einer der damals führenden Köpfe der Pariser Haute Couture.

MARGARETHE VON BRAUCHITSCH

1865 – 1957

Mit dem Werk Margarethe von Brauchitschs sind Münchner Theatergänger bestens vertraut – die meisten wissen es nur nicht. Doch der grünsamtene Bühnenvorhang, der in den Münchner Kammerspielen mit seinen applizierten Farbkreisen und seinem kunstvoll aufgestickten, ornamentalen Blätter- und Blütenmuster noch heute fasziniert, ist die Rekonstruktion einer Arbeit Margarethe von Brauchitschs. Die zu ihrer Zeit weithin berühmte Kunststickerin hat sie einst kongenial nach einem Entwurf des Architekten und Designers Richard Riemerschmid ausgeführt. Stickerei gehört zu den prägenden Dekortechniken in Jugendstilräumen, und München bildet sich um 1900 als eines der darin führenden Zentren heraus – mit Margarethe von Brauchitsch als einer der wichtigsten Protagonist*innen.

Eine solche Karriere scheint ihr zunächst nicht in die Wiege gelegt: Sie wächst als eines von zehn Kindern eines Landadeligen auf Rügen auf, absolviert die übliche Ausbildung für höhere Töchter und heiratet 1888 den Architekturfotografen Johannes Ernst von Brauchitsch. Ein Jahr später kommt Sohn Johannes zur Welt. Das kann Margarethe jedoch nicht davon abhalten, nun fokussiert ihren eigenen Zielen zu folgen. 1890 zieht sie nach Leipzig, um bei dem symbolistischen Maler Max Klinger Malerei zu studieren. 1895 wird sie Leiterin einer privaten Kunstschule in Halle, wendet ihre eigenen Interessen in dieser Zeit aber der Dekorativen Kunst zu und beginnt, sich mit Handstickerei und Applikationen auseinanderzusetzen. Inwieweit und bis zu welchem Grad ihr Ehemann bereit war, diese Entwicklung mitzutragen, ist nicht überliefert. Margarethe von Brauchitsch jedenfalls entschließt sich, ihren weiteren Weg allein zu gehen, reicht 1898 die Scheidung ein und zieht ihren Sohn fürderhin alleine auf.

Mit immensem Fleiß bringt sie es nicht nur auf dem Gebiet der Stickerei zur Meisterschaft, sie eignet sich auch Techniken und das nötige Wissen für die Gestaltung einer ganzen Reihe weiterer Dekorelemente an: für Wandteppiche und Glasfenster, Metallobjekte und Keramikfliesen,

Tapeten und Möbel. Ein Entwurf für eine bedruckte Tapete, der in einer der führenden Kunstzeitschriften des ausgehenden 19. Jahrhunderts mit einem ersten Preis ausgezeichnet wird, erregt deutschlandweit die Aufmerksamkeit der Design-Avantgarde. Zwei bestickte Türvorhänge, die sie bei einer Ausstellung des in Kunstfragen überaus fortschrittlichen Hofs Ernst Ludwigs von Hessen in Darmstadt präsentiert, begründen ihren Ruf als eine der wichtigsten Stickkünstlerinnen des Landes. Diese Expertise wollen sich die gerade in ihrem Gründungsprozess befindenden Vereinigten Werkstätten für Kunst im Handwerk in München sichern, um Einrichtungsprojekte so umfassend wie nur möglich mit internen Mitgliedern realisieren zu können. Sie bieten Margarethe von Brauchitsch die Leitung der Damenabteilung für Ornamentales Entwerfen an.

Wegbereiterin einer modernen Stickerei

Diese Aufgabe allein genügt der tatkräftigen Gestalterin allerdings nicht – möglicherweise auch, weil sie den kompletten Lebensunterhalt für sich und ihren halbwüchsigen Sohn bestreiten muss. Deshalb gründet sie nach ihrem Umzug nach München im Jahr 1900 zudem ein von den Vereinigten Werkstätten unabhängiges Stickerei- und Schneideratelier, das nicht nur Wohnaccessoires anbietet, sondern auch Damenmode, vorzugsweise im Bereich der von den Einengungen eines Korsetts befreiten Reformkleidung. Denn die Ziele der Frauenbewegung spielen für Margarethe von Brauchitsch eine wichtige Rolle: Schon ihre bereits um 1900 zum Kurzhaarschnitt gestutzten Haare machen dies mehr als deutlich. Die Stickerin und Gestalterin engagiert sich ferner vehement für eine gute Künstlerinnen-Ausbildung und ist Mitglied im Verein für Fraueninteressen.

Beruflich reicht ihre gestalterische Visionskraft rasch über den Horizont des Textilen weit hinaus: Von Brauchitsch entwirft Möbelensembles und komplette Raumausstattungen, deren Design aufs Engste mit den darin involvierten Tischdecken, Kissen, Teppichen und Vorhängen korrespondiert. Damit straft sie alle dünkelhaften männlichen Künstler und Kritiker Lügen, die behaupten, zu derart räumlichem Denken seien Frauen überhaupt nicht in der Lage.

Doch auch ihr Kernmetier, die Stickerei, bringt sie auf mehreren Ebenen entscheidend voran. Zum einen gelingt es ihr, Gesticktes von einer reinen Funktion als ornamentale Bordüre eines Textilstücks weg und zum relevanten Teil eines künstlerischen Gesamtkonzepts hinzuführen. Auch der Kontrast von bestickten und nicht-bestickten Flächen wird dabei gezielt als den Entwurf tragendes Gestaltungsmittel einsetzt. Gerade auf dieser Basis entwickelt sich Margarethe von Brauchitsch zum einen in der Zeit von 1900 bis 1914/1915 in ihrer Arbeit weg von floralen, noch in einer gewissen Gegenständlichkeit verankerten Motiven hin zum linearen, völlig abstrakten Ornament. Zum anderen gelingt ihr in ihrem Bereich, worum die männlichen Kollegen beispielsweise bei der Möbelfertigung noch jahrelang ringen werden: Sie stellt eine Synthese her zwischen handwerklicher Qualität und maschineller Fertigung. Von Brauchitsch und ihre Mitarbeiterinnen arbeiten längst nicht mehr nur per Hand, sondern setzen beispielsweise für Kettenstiche oder die dreidimensional auf der Stoffgrundlage aufliegende Kurbelstickerei Stickmaschinen ein. Für das Atelier Margarethe von Brauchitschs geht es dabei nicht allein um Zeitersparnis. Die Möglichkeiten der Maschinen werden gezielt genutzt, um beispielsweise changierende Effekte herzustellen, die in Handarbeit nicht ausführbar gewesen wären. Anders als männliche Gestalter von Stickmotiven – beispielsweise Hermann Obrist – entwirft Margarethe von Brauchitsch nicht allein auf dem Papier. Vieles entsteht und entwickelt sich während des Werkprozesses, in den sie immer selbst involviert ist. Nichts verlässt ihr Atelier, das sie nicht zu hundert Prozent hätte auch selbst ausführen können. Bei ihr ist was viele Vordenker im Bereich der Angewandten Künste im Jugendstil fordern, schon früh Wirklichkeit geworden: Die Maschine wird tatsächlich zur ausführenden Hand der Künstler*innen.

Von der Künstlerin zur Hausdame

Der Ausbruch des Ersten Weltkriegs beendet ihre strahlende Karriere jäh. Die Nachfrage nach aufwendig bestickten Heimtextilien und nach teurer Damenmode bricht radikal ein. Die Unternehmerin muss ihr Atelier auflösen, von Erspartem leben. Nach dem Krieg an ihre vorherigen Erfolge anknüpfen – was zumindest einigen ihrer männlichen Kollegen aus den Vereinigten Werkstätten, etwa Richard Riemerschmid, mühelos gelingt –, kann Margarethe von Brauchitsch nicht. Ihr bleibt nichts anderes übrig, als sich bei dem Versicherungsmagnaten Carl von Thieme, der vermutlich Kunde bei ihr war, auf dessen Schloss in Osttirol als Hausdame zu verdingen; »Madämchen« nennen sie Thiemes Kinder liebevoll, aber auch ein bisschen abschätzig. »Madämchen war eine ausgesprochene Persönlichkeit, mit kurzem Haarschnitt, nach außen sehr schroff, mit großer Disziplin«, erinnert sich Carl von Thiemes Sohn Kay später. »Sie stand um fünf Uhr früh auf, hatte die große Wäschekammer (...) unter sich, richtete unzählige handarbeitliche Tätigkeiten aus und ging selten vor Mitternacht ins Bett. In Mußestunden rauchte sie Pfeife und trank

Whisky aus Wassergläsern.« Als eine der genialsten Textilgestalterinnen ihrer Zeit auf das Wohlwollen eines Gönners angewiesen und darauf reduziert zu sein, die Wäsche eines Industriellenhaushalts zu verwalten und Flickarbeiten auszuführen, denn um nichts anders kann es sich bei den handarbeitlichen Tätigkeiten handeln. Der Griff zum Whisky im Wasserglas scheint angesichts dieses Loses durchaus verständlich. Dennoch behält Margarethe von Brauchitsch die Stelle, bis ihr 1942 – mit mittlerweile 77 – wegen ihrer unverhohlenen Sympathie für den Nationalsozialsmus gekündigt wird. Noch 15 Jahre lebt sie in München, bevor sie 1957 mit 91 Jahren stirbt.

Heute ist ihr Name nur noch ausgewiesenen Kennern der Münchner Jugendstil-Kunst geläufig. Wie gut, dass wenigstens ihr einzigartiges Verständnis für das Zusammenspiel von Stickerei und Stoff, Ornament und Fläche noch immer Abend für Abend in den Kammerspielen zu besichtigen ist.

ELSE OPPLER

1875–1965

In der Vielzahl der gestalterischen Aufgaben, in denen sie brilliert, und in ihrer Geschäftstüchtigkeit erinnert Else Oppler an die Modestars des späten 20. und frühen 21. Jahrhunderts, wie etwa Karl Lagerfeld oder Tom Ford. Dabei baut Oppler, wie alle Frauen ihrer Generation, ihre Karriere auf der äußerst beschränkten Grundlage von Ausbildungsoptionen auf, die sich für weibliche Kreative in ihrer Zeit bieten.

Die Tochter eines Nürnberger Chemiefabrikanten besucht nach ihrer Schulzeit zunächst Kunstkurse, die der von Helene von Forster (siehe S. 24) 1893 ins Leben gerufene Verein Frauenwohl anbietet. 1898 wechselt sie für eine professionellere Ausbildung an die private Kunstgewerbeschule des Münchner Malers Maximilian Dasio, lebt kurze Zeit unter den »Malweibern« der Künstlerkolonie Dachau. Zurück in Nürnberg verfolgt sie die Erweiterung ihres Könnens weiterhin konsequent, unter anderem in kunstgewerblichen Meisterkursen, die das Bayerische Gewerbemuseum im Oktober 1901 erstmals in Nürnberg veranstaltet. Kursleiter ist der Architekt und Designer Peter Behrens, unter anderem Mitbegründer der Vereinigten Werkstätten für Kunst im Handwerk in München und Mitglied der avantgardistischen Künstlerkolonie Mathildenhöhe in Darmstadt, der als einer der Vorreiter eines völlig neuen Ansatzes bei der Gestaltung von Räumen und Gebrauchsgegenständen gilt. Nicht nur künstlerisch scheint zwischen ihm und Else Oppler ein Funke übergesprungen zu sein. Ein Gästebucheintrag in einem privaten Schloss dokumentiert einen gemeinsamen Ausflug in die fränkische Schweiz, und auch wenn beide zunächst noch lange getrennte Wege gehen, reißt der Kontakt seit diesem Zeitpunkt nie mehr vollständig ab.

Else Oppler engagiert sich zunächst weiter im Verein Frauenwohl und übernimmt die Leitung der frisch gegründeten kunstgewerblichen Abteilung. Zugleich beginnt sie sich zunehmend mit Textilkunst, Stickerei und der Gestaltung von Reformkleidern zu beschäftigen, die ohne Korsett getragen werden. Sie werden im Frühjahr 1900 – unter anderem mit Entwürfen von Henry van de Velde – erstmals vorgestellt. Mit einer Auswahl von Stickereien beteiligen sich die im Verein Frauenwohl tätigen Künstlerinnen 1902 an der Ersten Internationalen Ausstellung für Moderne Dekorative Kunst in Turin; die Arbeiten des Vereins werden prompt mit

einer Silbermedaille ausgezeichnet. Dieser internationale Erfolg öffnet Else Oppler auch die Tür zu einer Ausstellung im Berliner Hohenzollern-Kunstgewerbehaus Hermann Hirschwald. Dort werden Ende 1902/Anfang 1903 kunstvoll gestaltete Frauenkleider präsentiert. Oppler zeigt ein so raffiniertes Kostüm, dass ihr das glamouröse Kaufhaus Wertheim anbietet, eigens für sie ein Atelier für künstlerische Frauenkleidung einzurichten. Ohne zu zögern nimmt Else Oppler an und lässt 1903 das heimatliche Nürnberg hinter sich.

Ihr Wirken bei Wertheim zieht rasch weite Kreise: Ihre 1904 initiierte Ausstellung für künstlerische Kleidung, bei der sie Entwürfe der namhaftesten Designer aus dem ganzen deutschen Reich präsentiert und selbst 15 Kleider beisteuert, trägt maßgeblich dazu bei, das Bewusstsein für die Notwendigkeit einer Reform bei der Frauenkleidung zu schärfen. Im gleichen Jahr erscheint der Prachtband »Das Kleid der Frau« des Malers, Kunstgewerblers und Modedesigners Alfred Mohrbutter, der sich ebenfalls intensiv mit reformierter Frauenkleidung beschäftigt. Unter den darin vorgestellten 13 Künstlerinnen und Künstlern nennt er Else Oppler gleich nach Peter Behrens und Henry van de Velde und schwärmt: »Else Oppler hat uns in einem grünen, mit Goldstoff überspannten Crêpe de Chine-Kleide einen Weg gezeigt wie ein reizvoller Stoff anregen kann. Sie vereinigt mit ernstem Können und großer Materialkenntnis eine glückliche Fantasie, einen echt weiblichen Geschmack. Ich wüsste keine Künstlerin, die so sinnige Kleider erfände.«

Ebenfalls 1904 gründet Oppler ein Unterrichtsatelier für private Schülerinnen. Und sie heiratet den Journalisten und Theaterregisseur Paul Heinrich Legband. Fortan führt sie den Doppelnamen Oppler-Legband.

In den folgenden Jahren gehört sie zu den bekanntesten Textilgestalterinnen ganz Deutschlands, arbeitet aber auch als Innenarchitektin, Kunstpädagogin und als künstlerische Beraterin einer Stickereiwaren-Firma. Als sie für diese 1909 im Rahmen eines Schaufensterwettbewerbs die

Auslagen neu gestaltet, entdeckt sie für sich ein neues Tätigkeitsfeld, das sie so fasziniert, dass sie ihre Stellung im Kaufhaus Wertheim aufgibt. Sie entwickelt nun für die Präsentation von Waren in Schaufenstern einen ganz neuen, durchschlagend modernen Stil, nimmt Aufträge verschiedenster Geschäfte in der pulsierenden, die Lust am Konsum gerade entdeckenden Großstadt an und gründet die weltweit erste Schule für Schaufensterdekoration. Als Schüler*innen hat sie vor allem Frauen im Blick, denen dieses Gebiet eine berufliche Perspektive bieten kann.

1911 erfolgt ein radikaler Bruch: Paul Heinrich Legband wird als Intendant an das Stadttheater von Freiburg im Breisgau berufen. Else Oppler-Legband folgt ihrem Mann in den Schwarzwald und erschließt sich rasch ein weiteres Betätigungsfeld: Sie übernimmt die Leitung der Ausstattungsabteilung am Theater und gestaltet Bühnenbilder und Requisiten. Parallel verfolgt sie auch ihre kunstgewerbliche Karriere weiter, wird Mitglied der wirtschaftliche und kulturelle Ansätze verbindenden Künstler- und Unternehmervereinigung Deutscher Werkbund, leitet auf dessen Ausstellung 1914 in Köln das »Haus der Frau« und schreibt das damals vielbeachtete Buch »Das Kind als Mittelpunkt der Wohnungseinrichtung«.

Als das Freiburger Theater 1915 kriegsbedingt schließen muss, kehrt das Ehepaar Legband nach Berlin zurück. Nun entwirft Else Oppler-Legband Bühnendekorationen und -kostüme für so große Häuser wie das Lessing-Theater oder das Theater am Zoo. »Nebenbei« arbeitet sie auch als Ausstatterin für diverse Stummfilme und gestaltet Messestände für renommierte Firmen.

Zusammenarbeit und -leben mit Peter Behrens

Warum ihre Ehe 1924 offiziell geschieden wird, ist nicht mehr nachvollziehbar. Da aber ab 1918 auch die Ehe von Peter Behrens in eine ernsthafte Krise gerät und schließlich geschieden wird, sind Zusammenhänge mehr als denkbar. Ab 1927 jedenfalls treten Behrens und Else Oppler-Legband gemeinsam in der Öffentlichkeit auf, sowohl als Paar wie in beruflichen Kooperationen.

Ihr renommiertestes Projekt ist zunächst die Stuttgarter Weissenhofsiedlung, in der die komplette Architekturavantgarde der Zeit – darunter Walter Gropius, Le Corbusier und Ludwig Mies van der Rohe, die alle in ihren Anfangsjahren bei Peter Behrens arbeiteten – innovative Häuser und Inneneinrichtungen präsentiert. Else Oppler-Legband soll einen Teil der Wohnungen des terrassierten Mehrfamilienhauses einrichten, das Behrens für das Projekt gebaut hat. Zu Behrens‘ großem Bedauern kann gerade der Part, für den seine Partnerin verantwortlich zeichnet, aus logistischen Gründen nicht umgesetzt werden. »Es ist umso mehr bedauerlich, dass gerade die Wohnung von Frau Else Oppler-Legband nicht eingerichtet werden konnte, als diese ganz aus dem Geiste der modernen Hausfrau entworfen wurde.«

Zwischen 1929 und 1932 plant das Paar ein weiteres Großprojekt: die Neugestaltung des Berliner Alexanderplatzes mit zwei Geschäfts- und Bürohäusern. Um an der baulichen Umsetzung verdienen zu können, hat die gewiefte Else Oppler-Legband eigens die Vereinigten Unstrut-Kalkstein-Werke gegründet, einen Zusammenschluss mehrerer kleiner Kalksteinbrüche im Thüringer Becken, zuzüglich einiger Steinbrüche bei Wien und eines Marmorbruchs in Spanien. Diese liefern nun den Kalkstein, mit dem die Fassaden beider Bauten verblendet werden, und auch den Marmor zur Ausgestaltung der Vestibüle. Privat jedoch haben Behrens und Else Oppler-Legband – er ist über 60, sie Mitte 50 – beschlossen, sich nach diesem Großprojekt zurückzuziehen. Der Architekt kauft bei Neustrelitz in Mecklenburg ein großzügiges Grundstück, gemeinsam planen sie den Gutshof »Hohenlanke«. Peter Behrens träumt von einem »Haus, in dem das Glück wohnt, mit so viel Land, Feldern und Gärten, Ställen und Scheunen, dass bäuerliches Mühen, Bauernsorge und -stolz in ihm sein könnten.« Gewirtschaftet werden soll nach den innovativen biologisch-dynamischen Methoden Rudolf Steiners, die seit Mitte der 1920er-Jahre viel diskutiert werden; Else Oppler-Legband absolviert, um den Anforderungen gerecht zu werden, 1932 eine landwirtschaftliche Ausbildung auf einem Mustergut im Rheinland.

Realität wird dieses »Haus, in dem das Glück wohnt« nicht mehr. Nach der Machtübernahme der Nationalsozialisten verlässt Else Oppler-Legband aufgrund ihrer jüdischen Abstammung das Land. Dank der soeben erworbenen landwirtschaftlichen Kenntnisse kann sie sich wenigstens finanziell über Wasser halten, erst in Holland, ab 1935 dann in Südtirol. 1937 gründet sie in Meran eine kleine Pension, die sie allerdings hinter sich lassen muss, als auch in Italien die Judenverfolgung einsetzt. 1939 emigriert sie nach Schweden und überlebt den Zweiten Weltkrieg in bescheidenen Verhältnissen. In Skandinavien ist es ihr nicht mehr möglich »eine feste Tätigkeit, meinen Kenntnissen entsprechend, zu bekommen. Ich begann wieder zu malen, was ich in meiner Jugend begonnen hatte, und konnte hie und da Bilder verkaufen.« Peter Behrens stirbt 1940 in einem Berliner Hotelzimmer; Else Oppler-Legband kehrt 1952, mit 77 Jahren, nach Deutschland zurück und lebt noch 13 Jahre in Überlingen am Bodensee.

FRAUEN IN MEDIZIN, WISSEN-SCHAFT UND ARCHITEKTUR

In vielen Bereichen, in denen es Frauen bereits um 1900 gelingt, eigene Wege zu gehen, können sie sich wenigstens über Umwege Wissen und Fähigkeiten aneignen, die ihnen die Bildungspolitik des wilhelminischen Kaiserreichs vorenthält. Im Sektor der Naturwissenschaften, in denen ein fundierter und definierter Wissenskanon Grundlage für jedwede Berufsausübung ist, sind derartige Ausweichstrategien dagegen kaum vorhanden. Höhere Töchterschulen – die einzigen für bürgerliche Mädchen zugänglichen, bis ins Teenageralter führenden Bildungsinstitutionen – unterrichten neben Religion, Deutsch, Französisch, Weltkunde, Zeichnen, Gesang und Handarbeit nur rudimentäres Rechnen. Weitere naturwissenschaftliche Fächer sind ebenso wenig vorgesehen wie ein qualifizierender Abschluss. Auch im Lehrerinnenseminar, der einzigen auf die Töchterschule aufbauenden Weiterbildungsanstalt für Frauen, liegt der Fokus auf sprachlich-künstlerischen Fächern und ist keineswegs wissenschaftlich angelegt.

Die Missstände bei der Mädchenbildung zu verbessern, gehört deshalb zu den zentralen Anliegen der bürgerlichen Frauenbewegung. Die Berliner Pädagogin und Frauenrechtlerin Helene Lange fasst sie bereits 1887 in der »Gelben Broschüre«, wie ihre Schrift »Die höhere Mädchenschule und ihre Bestimmung« wegen der Farbe ihres Umschlags bis heute genannt wird, zusammen. Unumwunden prangert sie an, dass die bisherige Mädchenausbildung das Denkvermögen der Schülerinnen systematisch untergrabe und fordert zum einen die Ausweitung der Möglichkeiten zur Teilnahme an wissenschaftlichem Unterricht, zum anderen die Etablierung einer staatlichen wissenschaftlichen Lehrerinnenausbildung anstelle der bislang ausschließlich privaten Seminare.

Zwar hat die »Gelbe Broschüre« selbst keine konkrete politische Wirkung und führt auch zu keiner diesbezüglichen Debatte im Reichstag, doch gelingt es damit, erstmals ein breiteres öffentliches Interesse für das Problem der Mädchenbildung zu wecken und in entsprechenden Bereichen Diskussionen in Gang zu setzen.

1891 schließlich ist das gesellschaftliche Bewusstsein für die Gesamtproblematik bereits so sehr gewachsen, dass die Frage des Frauenstudiums und die Öffnung des Arzt- und Apothekerberufs sowie wissenschaftlicher Lehrberufe für Frauen Thema im Reichstag sind. Dennoch müssen Frauen, die studieren wollen, noch bis nach 1900 in fortschrittlichere Länder ausweichen, beispielsweise in die Schweiz. Selbst als Bayern 1903 Frauen den regulären Zugang zu den Universitäten sowie 1905 als erster deutscher Einzelstaat zu den Technischen Hochschulen genehmigt, ist damit die wirkliche Hürde, vor die Mädchen mit höheren

Bildungsambitionen gestellt sind, keineswegs aus dem Weg geräumt. Denn es gibt für sie so gut wie keine Möglichkeiten, die für die Einschreibung nötige Hochschulreife zu erwerben. Die Technische Hochschule München beispielsweise hält es nicht einmal für nötig, Frauen in ihrer Satzung explizit auszuschließen – die Notwendigkeit eines Reifezeugnisses zur Immatrikulation erledigt dies auch ohne viele Worte.

1893 gelingt in Karlsruhe zwar der epochale Schritt, das erste sechsklassige humanistische Mädchengymnasium mit Abiturmöglichkeit zu eröffnen, die meisten anderen Städte des Reichs jedoch ringen darum noch viele weitere Jahre. In München beispielsweise gründet sich 1894 der Verein zur Errichtung eines Mädchengymnasiums, die beantragte Konzession dafür jedoch wird 1897 mit der Begründung verweigert, ein Frauenstudium werde damit »künstlich gezüchtet«. Konservative Kreise befinden überdies, dass es dem Staat nicht zuzumuten sei, ein Mädchengymnasium unterhalten zu müssen. Die kostengünstigste Lösung, an den bereits vorhandenen Knabengymnasien Schüler beiderlei Geschlechts zu unterrichten – sie hätte es auch Mädchen in kleineren Städten ermöglicht, eine höhere Bildung zu erlangen –, wird als dermaßen provokativ empfunden, dass es selbst progressiv eingestellte Gremien nicht wagen, dies vorzuschlagen.

In Städten wie München greifen die bürgerlichen Familienvorstände, die sich in den Mädchenbildungsvereinen zusammengeschlossen haben, ab 1900 zur Selbsthilfe und initiieren die Einrichtung von »Privaten Gymnasialkursen für Damen«. In diesen drei-, später vierjährigen Kursen bereiten sich Mädchen nach der höheren Töchterschule auf ein als Externe an einem Humanistischen Gymnasium abzulegendes Abitur vor. Ab ca. 1910 entstehen zwar in Bayern die ersten Mädchengymnasien, dennoch bleibt für viele der private Gymnasialkurs der Königsweg zum Reifezeugnis.

Interessanterweise entscheiden sich die frischgebackenen Abiturientinnen mehrheitlich nicht für ein geisteswissenschaftliches, sondern für ein mathematisch-naturwissenschaftliches oder medizinisches Studium. Dennoch bleiben sie in der Gesamtzahl der Studenten ein verschwindend geringer Prozentsatz. Von 9340 Studierenden an den naturwissenschaftlichen Fakultäten der Universitäten in München, Würzburg und Erlangen sind im Wintersemester 1913/1914 gerade einmal 465 Frauen; zehn Jahre später sind es – immerhin – doppelt, 1928/1929 dreimal so viele. Der männliche Argwohn, wenn sich Frauen in diesen als völlig unweiblich angesehenen Fächern betätigen wollen, bleibt ihnen jedoch gewiss. Eugen Diesel, Schriftsteller und Sohn des Erfinders des gleichnamigen Motors, hält eine Beteiligung von Frauen am weiteren technischen Fortschritt für absolut unpassend: Schließlich hätten sie ja an der bisherigen Entwicklung aller »eigentlich modernen Elemente unserer Welt« keinerlei Anteil gehabt, zudem fehle ihnen »der fanatische und pedantische Hang zur mathematischen Exaktheit in formgestaltenden Fragen« sowie »der Ingenieurtrieb, der die mechanischen und bewegungstheoretischen Zusammenhänge ergründet« und der seiner Ansicht nach allein der männlichen Natur entspricht.

Ein steiniger Weg für Architektinnen und Ärztinnen

Ähnliche Vorurteile werden auch Frauen entgegengebracht, die – quasi an der Schnittstelle zwischen naturwissenschaftlicher und kreativer Betätigung – Architektur studieren wollen oder bereits in diesem Bereich arbeiten. Noch Ende der 1920er-Jahre schreibt der Stuttgarter Kunsthistoriker Hans Hildebrandt: »Die Zahl der Frauen, die sich (…) – wenngleich in bescheidenen Grenzen – schöpferisch verhalten, war und ist Legion. Die Zahl der Baukünstlerinnen ist bis an die Schwelle der Gegenwart – die eine allmähliche Wandlung vorzubereiten scheint – so verschwindend gering, und was sie geschaffen hat, ist so belanglos neben den Gestaltungen des Mannes, dass man der Frau keine Unbill zufügt, wenn man sie als unfruchtbar im Bereiche der Architektur bezeichnet.«

Wenn überhaupt, werden Frauen noch am ehesten Fähigkeiten in den Bereichen zugesprochen, die sich am nächsten an ihrer »angestammten Sphäre«, dem eigenen Heim, bewegen: beim Entwerfen von Einfamilienhäusern, Inneneinrichtung, Möbeln, Küchen und sonstigem Hausrat. Eine Frau als städtebauliche Visionärin dagegen? Völlig undenkbar! Bis zur gleichwertigen Anerkennung des Werks international tätiger Architektinnen und Designerinnen dieser Zeit, wie Eileen Gray oder Charlotte Perriand, werden noch Jahrzehnte vergehen.

Im Bereich der Medizin ist die Sachlage nicht besser, aber zugleich anders: Zwar beinhaltet der Frauen aufgrund ihres so gern als Argument gegen jedwede »geschlechtsfremde« Betätigung vorgehaltene »natürliche Unterschied« die Zuschreibung von Fürsorglichkeit und mitfühlender Veranlagung als ausgesprochen weibliche Charakterzüge. Doch obwohl gerade diese Eigenschaften Frauen eigentlich eine besondere Qualifikation zu medizinischen Berufen mitgibt, wird ihnen jegliche Befähigung als Arzt zunächst abgesprochen. »Es hat sich (…) durch die unparteiischste und gewissenhafteste anatomische und physiologische Forschung herausgestellt, dass das Weib entschieden ungleich schwächer ist, in seiner ganzen Organisation einen minder hohen Entwicklungsgrad erreicht hat, und in allen Beziehungen dem Kinde näher steht als dem Mann«, heißt es in einer Streitschrift des Münchner Anatomie- und Physiologieexperten Theodor von Bischoff. Mit ihr zieht er gegen Frauen ins Feld, die sich in Zürich medizinisch ausbilden lassen. Zwar können diese mit dem im Ausland erlangten Abschluss in Deutschland keine Approbation bekommen, dennoch dürfen sie aufgrund der damaligen Regelungen zur Gewerbefreiheit eine Praxis eröffnen. Durch diese rechtliche Handhabung allerdings stehen auch gut ausgebildete Medizinerinnen im öffentlichen Ansehen auf der gleichen Stufe wie Naturheilkundige und »Kurpfuscherinnen«.

Mit einem Bundesratsbeschluss des Jahres 1899 gelingt insofern ein Durchbruch, als Frauen, die die gleichen Voraussetzungen erfüllen wie männliche Bewerber, zu den staatlichen Prüfungen für die Approbation zugelassen werden. Dies bedeutet zwar noch keineswegs die Öffnung der medizinischen Fakultäten in Deutschland für Frauen, immerhin aber eine Möglichkeit, die im Ausland erworbenen Kenntnisse offiziell anerkennen zu lassen. Ärztinnen allerdings, die nach einem Auslandsstudium in Deutschland bereits ohne Approbation Praxen betreiben, stellt dieser Beschluss unter Zugzwang: Jetzt müssen sie, zum Teil mit erheblichem zeitlichem Aufwand und parallel zum laufenden Praxisbetrieb, noch einmal Physikum und Staatsexamen ablegen, um den Ruch der »Kurpfuscherin« endlich hinter sich lassen zu können.

Über 750 Frauen legen nach diesem Beschluss bis Ende 1918 ihr medizinisches Staatsexamen ab. Der Frauenanteil unter den 30.500 im Reichsgesundheitsamt geführten Ärzten bleibt dennoch bei verschwindenden 0,27 Prozent. Erst die Auswirkungen des Ersten Weltkriegs lassen die Frauenquote in diesem Bereich 1918 auf 2,5 Prozent in die Höhe schnellen.

KLARA OPPENHEIMER

1867 – 1943

Klara Oppenheimer ist keine, die schnell aufgibt. Ohne dieses Durchhaltevermögen wäre die in Paris geborene, aber in Würzburg aufgewachsene Tochter eines vermögenden jüdischen Kaufmanns und Investors vielleicht eine folgsame Ehefrau und Mutter geworden, möglicherweise auch eine strenge und doch wohlwollende Lehrerin, sicher aber nicht die erste weibliche Ärztin mit eigner Praxis in Würzburg.

Als die ambitionierte junge Frau 1883 die höhere Töchterschule in Würzburg abschließt, werden ihr in ihrem Abschlusszeugnis zwar überdurchschnittlich gute Leistungen attestiert – damit anfangen aber kann sie nichts. Die Perspektive, einen höheren Schulabschluss anzustreben oder gar eine Universität zu besuchen, ist für Mädchen noch in weiter Ferne. Also ergreift Klara Oppenheimer die einzige Weiterbildungsmöglichkeit, die sich Schulabgängerinnen in den 1880er-Jahren bietet: Sie besucht das Lehrerinnenseminar.

Womit genau sie die Jahre nach ihrem Abschluss verbringt, ist nicht überliefert. Fest steht, dass sie nie als Lehrerin gearbeitet hat, möglicherweise aus Scheu vor den damit verbundenen Konsequenzen: Wenn sie nicht ihrer Stellung und sämtlicher erworbener Pensionsansprüche verlustig gehen wollen, können Lehrerinnen nicht heiraten. Vielleicht will Klara Oppenheimer als Mittzwanzigerin die Möglichkeit einer Ehe noch nicht rundheraus ausschließen. Vielleicht kennt sie zu diesem Zeitpunkt bereits ihre Berufung und wartet auf ihre Chance.

Auf alle Fälle empfindet sie die Situation, in die sie aufgrund der restriktiven Bildungspolitik des wilhelminischen Kaiserreichs gedrängt wird, als zutiefst unbefriedigend und ungerecht. 1898 beginnt sie öffentlich aufzubegehren und gründet mit einigen Würzburger Lehrerinnen den Frauenbildungsverein »Frauenheil«. Als – dank des Engagements und vieler weiterer in diesem Bereich tätiger Vereine – im Wintersemester 1903/1904 die Universitäten auch für Frauen als ordentlich Studierende geöffnet werden, steht Klara Oppenheimers Entschluss fest: Sie besucht einen der neuen, für Frauen angebotenen Gymnasialkurse, legt mit 37 ihr Abitur ab und beginnt im Wintersemester 1905/1906 ein Medizinstudium.

Dass sie in den Hörsälen und Lehrveranstaltungen nicht nur die einzige Frau ist, sondern wesentlich älter als ihre Kommilitonen, führt mitunter zu Reibereien, wenn die jungen Männer allzu alberne Scherze auf ihre Kosten machen. Davon abschrecken aber lässt sie sich, nach all den Jahren, die sie auf dieses Studium gewartet hat, nicht. Allerdings erkennt sie, wie wichtig es ist, dass sich die wenigen Frauen, die es an die Universitäten schaffen, zusammentun, gegenseitig bestärken und unterstützen. Sie schließt sich dem 1906 gegründeten Verein studierender Frauen an und bekleidet ab 1910 das Amt der Zweiten Vorsitzenden.

Opfer einer dunklen Zeit

Im gleichen Jahr legt sie, mittlerweile 43, alle erforderlichen ärztlichen Prüfungen ab und macht sich, mit wenig Hoffnung auf Erfolg, auf die Suche nach einer Assistenzstelle, um die Ausbildung zur Fachärztin antreten zu können. Obwohl für die knapp bemessenen Stellen Männer bevorzugt werden, hat sie Glück: Im Januar 1911 kann sie als »Medizinalpraktikantin« an der chirurgischen Universitätsklinik in Würzburg anfangen; gleichzeitig promoviert sie und erhält am 18. Januar 1912 ihre medizinische Approbation. Jetzt, mit 44, ist sie wirklich Ärztin.

Nach einem Jahr als Assistenzärztin am Pathologischen Institut der Universitätsklinik Würzburg geht sie 1914 nach Düsseldorf, um Assistenzärztin an der dortigen Kinderklinik zu werden. Zwischen 1917 und 1918 arbeitet sie, nochmals als Assistenzärztin, am Kinder- und Säuglingshospital in Würzburg. Mit Abschluss ihrer Facharztausbildung geschieht ein weiteres Wunder, das vermutlich vor allem in Klara Oppenheimers fachlicher Qualifikation und ihrer Hartnäckigkeit begründet ist: Sie bekommt 1919, als erste Ärztin in Würzburg, eine eigene Kassenzulassung, eröffnet eine Spezialpraxis für Säuglings- und Kinderkrankheiten – und gehört auch als alleinstehende Frau zum angesehenen Würzburger Bürgertum.

Ihre gute Arbeit, aber auch ein ererbtes Mietshaus lassen Klara Oppenheimer relativ gut durch die wirtschaftlich und politisch turbulenten 1920er-Jahre kommen; der Antisemitismus allerdings wird auch in Würzburg bereits vor Hitlers Machtübernahme spürbar. Dies ist möglicherweise neben ihrer 65 Jahre der zweite Grund, warum sie ihre gutgehende Praxis im März 1933 schließt. Als sich die Situation für Juden in den kommenden Jahren mehr und mehr verschlechtert und deren ärztliche Versorgung nicht mehr gewährleistet ist, eröffnet sie allerdings 1935/1936 nochmals ein Behandlungszimmer, um wenigstens ansatzweise Hilfe zu bieten.

1938 hat sich die Situation der noch in Würzburg lebenden Juden dermaßen verschlimmert, dass es die 71-Jährige für ratsam hält, ihr Testament zu machen; als Erben setzt sie ihre in England lebende Nichte und ihre Haushälterin ein. Doch gleich nach der Reichspogromnacht erhält Klara Oppenheimer am 11. November 1938 einen »Sicherheitsbescheid», nachdem sie ein Drittel ihres Vermögens als »Buße« für die Zerstörungen der sogenannten »Reichskristallnacht» abgeben muss. Ihr Mietshaus wird in ein »Judenhaus» umgewandelt, in dem Juden aus dem Umland vor ihrer endgültigen Deportation zwangsweise untergebracht werden. Im November 1940 werden gemäß eines völlig aus der Luft gegriffenen Pfändungsbeschlusses des Finanzamts alle wertvollen Gegenstände ihrer Wohnungseinrichtung abtransportiert und verkauft. Ihre Einnahmen aus Rente und Hausvermietung muss sie monatlich auf ein staatlicherseits benanntes Konto einzahlen und darf nur einen rudimentären Restbetrag behalten.

Im Dezember 1941 müssen Klara Oppenheimer und alle anderen Bewohner*innen das Haus räumen und in ein jüdisches Altersheim umziehen, im September 1942 schließlich wird die knapp 75-Jährige unter dem beschönigenden behördlichen Schlagwort »Wohnsitzverlegung« nach Theresienstadt deportiert, wo sie ein dreiviertel Jahr später aufgrund mangelnder Versorgung stirbt. Ihre Erben, die nach dem Krieg versuchen, ihren Immobilienbesitz zurückzuerhalten, scheitern an der durchaus täterfreundlichen Justiz der 1950er-Jahre.

Wenigstens das Andenken Klara Oppenheims wird in Würzburg bis heute hochgehalten: Neben einem nach ihr benannten Berufsbildungszentrum gibt es auch einen Klara-Oppenheimer-Weg in unmittelbarer Nähe zu einigen Einrichtungen der Universität, an der sie einst studierte. Sinnigerweise liegt er im Stadtteil Frauenland, der seinen Namen zwar aus ganz anderen Gründen trägt, der in diesem Zusammenhang aber zugleich daran erinnert, dass die Namensgeberin zu jenen Vorreiterinnen gehörte, die den Frauen ihren Weg in die Universitäten ebnete.

EMMY NOETHER

1882 – 1935

Eine Anekdote aus der Zeit, als die Erlanger Mathematikerin Emmy Noether bereits am Women's College Bryn Mawr in Pennsylvania lehrt, ist sinnbildlich für das ganze Leben dieser mehr als ungewöhnlichen Naturwissenschaftlerin: Während eines Spaziergangs diskutiert sie mit ihren Studentinnen mathematische Probleme. Die Zuhörerinnen sind allerdings ein bisschen abgelenkt: In einiger Entfernung ragt ein verschlossenes Gatter über den Weg, und die jungen Frauen sind sehr gespannt, wie ihre 50-jährige, nicht ganz schlanke Professorin wohl mit dieser Situation zurechtkommt. Doch Noether klettert einfach über den Zaun, ohne auch nur in ihrem Redefluss innezuhalten.

Hürden gibt es im Leben der Ausnahme-Wissenschaftlerin von Anfang an viele, nicht alle lassen sich so nonchalant meistern wie das Pennsylvanische Gatter. Doch über die meisten hilft Emmy Noether ihre absolute Leidenschaft für Mathematik hinweg. Diese wird ihr buchstäblich in die Wiege gelegt: Sie ist das älteste Kind eines jüdischen Mathematikprofessors; schon als Kind bekommt sie die Diskussionen mit, wenn der Vater mit Universitätskollegen zusammensitzt. Doch während der wissenschaftliche Lebensweg ihrer Brüder von Anfang an vorgezeichnet ist – einer folgt dem Vater und wird Mathematiker, ein weiterer Chemiker –, sind Emmys Perspektiven sehr eng gefasst: Höhere Töchterschule, Lehrerinnenseminar … mehr Bildung ist für Mädchen nicht vorgesehen. Als Emmy 1900 ihr Lehrerinnenexamen in den Fächern Französisch und Englisch ablegt – anspruchsvolle Mathematik existiert in Lehrplänen für Schülerinnen nicht –, beginnt es in der weiblichen Bürgerschaft allerdings bereits zu gären. Viele Frauen wollen ihren Ausschluss von jeglicher höheren Bildung nicht länger hinnehmen, fordern, in Vereinen organisiert, ihre Zulassung an den Universitäten und den Aufbau von Schulen, die Mädchen zum Abitur führen. Dieser Kampf hilft Emmy Noether schließlich, diese erste Hürde in ihrem Werdegang zu überwinden: Die Universität in Erlangen lässt, ebenfalls 1900, Frauen immerhin als Gasthörerinnen zu. Sofort sitzt Emmy Noether in den Vorlesungen – natürlich nicht für Anglistik oder Romanistik, sondern für Mathematik. Und sie beginnt, sich in Privatkursen aufs Abitur vorzubereiten. Als externer Prüfling an einem Knabengymnasium erhält sie im Sommer 1903 die

Hochschulreife – exakt zum richtigen Zeitpunkt. Im September werden Frauen in Bayern zum Universitätsstudium zugelassen. Emmy Noether immatrikuliert sich auf der Stelle für Mathematik, zunächst für ein Semester in Göttingen, dem damaligen »Nabel« der mathematischen Welt, ab Sommer 1904 dann in Erlangen, wo ihr Vater an der mathematischen Fakultät lehrt und auch ihre Brüder inzwischen ihr Studium begonnen haben. Nach nur vier Jahren schließt sie ihr Studium mit einer mit Bestnote bewerteten Dissertation ab. Ihre weiteren Pläne sind absolut klar: Sie will an der Universität bleiben, forschen, selbst Studierende unterrichten.

Weibliche Professoren, noch dazu in einer Naturwissenschaft aber passen weder ins Weltbild noch in die bisherigen Strukturen der Universitäten. Die meisten Professorenkollegien teilen aus tiefstem Herzen die 1907 von dem Göttinger Historiker Karl Brandi formulierte Ansicht, »dass sehr viele von uns prinzipiell den Eintritt der Frauen in den Organismus der Universitäten als eine Beeinträchtigung des menschlichen und moralischen Einflusses des männlichen Universitätslehrers auf ihre bis dahin leidlich homogene Zuhörerschaft betrachten.« Immerhin darf Emmy Noether – unentgeltlich, versteht sich – am Mathematischen Institut in Erlangen arbeiten; gleichzeitig wird sie 1909 Mitglied in der Deutschen Mathematikervereinigung und beginnt eine bis 1932 beibehaltene, rege Vortragstätigkeit, die zu ihrem Ruhm und zu ihrer internationalen Bekanntheit beiträgt.

Es ist die Zeit, in der Mathematik und Physik darum ringen, eine Sprache zu finden, mit der sich die grundlegenden Strukturen von Raum, Zeit und Energie allgemeingültig festschreiben und zu Gesetzen schmieden lassen, die auf der Erde ebenso gelten wie in den unendlichen Weiten des Weltraums oder im Mikrokosmos des Atoms. Bereits von Erlangen aus untersucht Emmy Noether, die sich, äußerst vereinfacht ausgedrückt, damit beschäftigt, inwieweit sich aus dem Auftreten von »Invarianten« – also Elementen, die bei Rechenoperationen für unveränderte Ergebnisse sorgen, beispielsweise der 0 bei der Addition oder dem Faktor 1 bei der Multiplikation – allgemeingültige Strukturen ableiten lassen.

Ihre klugen Ansätze führen dazu, dass David Hilbert, einer der führenden Mathematiker auf diesem Gebiet, Emmy Noether im Frühjahr 1915 nach Göttingen holt. Er, sein Kollege Felix Klein und ein bereits berühmter Physiker – ein gewisser Albert Einstein – brüten über dessen Allgemeiner Relativitätstheorie, kommen aber mit der Herausforderung, sie auch mathematisch zu fassen, nicht weiter. Jeder der drei Männer ist in seinen Denkmustern gefangen. Wissenschaftliche Assistenten, die helfen könnten, stehen nicht zur Verfügung – sie stehen auf den Schlachtfeldern des Ersten Weltkriegs. Emmy Noether gelingt es tatsächlich, das Problem zu lösen. Wieder überwindet sie eine Grenze, betrachtet die Fragestellung von außen und fasst sie in eine übergeordnete, überaus abstrakte Formel: das Noether-Theorem. In ihrer dazu vorgelegten Habilitationsschrift zeigt sie – kühn, aber korrekt –, dass Einsteins berühmte Formel letztendlich nur ein Beispiel für ihr allgemein geltendes mathematisches Theorem ist. Dann geschieht das unfassbare: Das ausschließlich männlich besetzte Habilitationsgremium lehnt die Arbeit wegen »Fehlens der gesetzlichen Voraussetzungen« ab. Emmy Noether ist fassungslos, David Hilbert außer sich. Wütend lässt er dem Kultusminister ausrichten, es sei nicht nachvollziehbar, warum das Geschlecht eines Kandidaten ein Argument gegen dessen Zulassung sei – man sei hier schließlich an der Universität und nicht in einer Badeanstalt.

Dann kommt das Jahr 1918. Die rechtliche Stellung der Frau ändert sich – endlich. In München wird im Fach Medizin erstmals die Habilitation einer Frau akzeptiert. Auch Emmy Noether kann sich nun habilitieren und unter ihrem eigenen Namen Vorlesungen anbieten. Einer Professur aber ist sie noch keinen Schritt näher.

Der Tod ihres Vaters 1921 trifft sie schwer, sichert ihr durch das Erbe aber eine bescheidene Existenzgrundlage. Erst 1922 erhält sie eine außerordentliche Professur, die allerdings nicht finanziell dotiert ist, dazu einen gering entlohnten Lehrauftrag für Algebra, in dessen Rahmen sie auch Examenskandidaten und Doktoranden betreuen kann. Parallel verfasst sie Arbeiten, die für die Weiterentwicklung der modernen Mathematik von bahnbrechender Bedeutung sind und ihr den Beinamen »Mutter der Neuen Algebra« eintragen. Da ist Emmy Noether längst weit über die Grenzen Deutschlands bekannt. Vorträge führen sie bis nach Zürich und Moskau, Studierende aus aller Welt finden sich ein, um die Vorlesungen jener brillanten Dozentin zu hören, die auf der einen Seite so leidenschaftlich über Probleme der Algebra sprechen kann, auf der anderen Seite in ihrer optischen Erscheinung mit wirr abstehenden Haaren, verrutschter Kleidung oder viel zu großen Schuhen bisweilen ganz und gar dem Bild eines zerstreuten Professors entspricht.

Dafür sind ihre Seminare legendär: Noether setzt den Studierenden keine fertigen Lösungen vor, sondern erarbeitet diese im gegenseitigen Diskurs – und keineswegs nur im Hörsaal. Nicht selten sieht man sie mit ihren Schüler*innen durch die Natur ziehen, am Wegrand sitzen und lebhaft diskutieren.

Sie erhält Preise und Stipendien, Gastprofessuren in Moskau und Frankfurt am Main, wird korrespondierendes Mitglied der Berliner

Akademie der Wissenschaften. Eine ordentliche Professur erhält sie nach wie vor nicht.

Mit den Januarwahlen 1933, die die Nationalsozialisten an die Macht bringen, ändert sich schlagartig die Situation Emmy Noethers, die nicht nur Jüdin ist, sondern auch bekennende Pazifistin. Im April wird ihr die Lehrbefugnis entzogen.

Wie viele ihrer Kollegen emigriert Emmy Noether in die USA. Eigentlich hofft sie auf einen Ruf nach Princeton, wo auch Albert Einstein lehrt, doch die Lage ist schwierig. Zu viele brillante Köpfe verlassen Deutschland in Richtung Amerika, und auch dort werden Männer, wenn es um die raren Professuren an den renommierten Universitäten geht, bevorzugt. Ein ebenfalls emigrierter Göttinger Kollege verschafft ihr schließlich eine Gastprofessur am Women's College in Bryn Mawr, Pennsylvania – zum einen die erste wirklich angemessen bezahlte Stelle ihres Lebens, zum anderen nahe genug an Princeton, um dort wenigstens Vorträge halten zu können. Auch hier formiert sich rasch eine Schar begeisterter »Noether-Jünger«. Umso größer ist der Schock, als Emmy Noether an einem lebensbedrohlichen Tumor erkrankt und infolge einer schweren Operation kurz nach ihrem 53. Geburtstag stirbt. In allen gängigen Weltsprachen erscheinen Nachrufe, Albert Einstein selbst schreibt einen Text für die »New York Times«, um an die Frau zu erinnern, die »der bedeutendste schöpferische Genius war, seit die höhere Bildung für Frauen ihren Anfang nahm.« Nur ein einziger Artikel erscheint auf Deutsch. Geschrieben hat ihn der niederländische Mathematiker Bartel Leendert van der Waerden, der in Göttingen zu ihren Schülern gehörte, für die in Leipzig erscheinenden »Mathematischen Annalen«. »Als Mathematikerin war sie eine Persönlichkeit von einer sich jedem Vergleich entziehenden Einzigartigkeit«, heißt es darin. »Ihre Eigenart erschöpft sich auch keineswegs darin, dass es sich hier um eine *Frau* handelt, die zugleich eine hochbegabte Mathematikerin war, sondern liegt in der ganzen Struktur dieser schöpferischen Persönlichkeit, in dem Stil ihres Denkens und dem Ziel ihres Wollens.« Die Theoreme Emmy Noethers bilden bis heute die Grundlage zur Lösung einer Vielzahl physikalischer Probleme.

HANNA LÖV

1901 – 1995

Als sich die Architektin Hanna Löv Ende der 1960er-Jahre zur Ruhe setzt, liegt hinter ihr ein eindrucksvolles baugestalterisches Wirken in einem Berufsleben, das sich über drei Epochen erstreckte – in ihrer politischen Ausrichtung und den architektonischen Anforderungen höchst unterschiedliche Jahrzehnte. Zugleich beschließt sie eine ziemlich geradlinig verlaufende Karriere, die, gemessen an den Wirren der Zeiten, nicht weiter auffällig wäre, würde es sich um den Berufsweg eines Mannes handeln. Nur: Hanna Löv geht ihn als Frau, im wahrsten Sinne des Wortes allein unter Männern. Und beweist damit beachtliches Stehvermögen und einen unbedingten Willen zum baulichen Gestalten.

Dank ihres Geburtsjahrgangs 1901 kann sie in München bereits ein Mädchengymnasium besuchen, Abitur machen und sich an der Technischen Hochschule für ihr Traumfach Architektur einschreiben. Da ihre Familie in der Maxvorstadt lebt und eine Buchbinderwerkstatt betreibt, bleibt sie während des Studiums zu Hause wohnen und bekommt dort wohl auch die sicher bisweilen nötige Bestärkung. Denn obwohl in München nach Berlin die meisten der 300 zwischen 1908 und 1930 in Deutschland diplomierten Architektinnen ausgebildet werden, ist sie in ihrem Hochschuljahrgang die einzige Studentin. Auch in diesem Fach ist der Universitätsbetrieb mit all seinen studentischen Gepflogenheiten, Burschenschaften und der Besetzung der Lehrstühle absolut männlich geprägt. Hanna kann sich nicht nur durchbeißen, sie schließt ihr Studium als Beste ihres Jahrgangs ab. Ihr Vater vermittelt ihr den Kontakt zu Robert Vorhoelzer, dem Leiter des Baureferats der Münchner Oberpostdirektion. Hanna kann ihn mit ihren bisherigen Leistungen so weit beeindrucken, dass sie eine der heiß begehrten Referendarstellen bekommt – als einzige Frau.

Vorhoelzer setzt bei seinen Referendaren auf eigenständiges Arbeiten. Als »Fingerübungen« entwerfen und betreuen sie Neu- und Umbauten von Postämtern, gemeinsam mit ihrem Vorgesetzten arbeiten sie auch an jenen Bauten, für die die »Postbauschule« berühmt wird: die bis heute als Münchner Wegmarken der Neuen Sachlichkeit hochgeschätzten Postämter am Harras, an der Tegernseer Landstraße und am Goetheplatz sowie das Paketzustellamt an der Arnulfstraße.

1927 besteht Hanna Löv, wiederum als Jahrgangsbeste, die Große Staatsprüfung und wird in der Oberpostdirektion als Regierungsbaumeister übernommen – eine weibliche Version des Titels gibt es damals noch nicht.

Dort warten weitere spannende Aufgaben, denn das Tätigkeitsfeld der Oberpostdirektion umfasst bei weitem nicht nur die Planung von Postämtern. Vielmehr ist auch diese Behörde in die Lösung der zentralen Herausforderungen eingebunden, die es in den 1920er-Jahren zu bewältigen gilt: den Bau neuer und vor allem zeitgemäßer Wohnungen. Denn zum einen herrscht in den Großstädten massive Wohnungsnot, zum anderen wohnen vor allem die unteren sozialen Schichten noch immer in prekären, hygienisch überaus bedenklichen Verhältnissen. Und zum dritten entspricht der vorhandene Bestand an Wohnraum mitnichten den Anforderungen, die durch die gesellschaftlichen Umwälzungen nach dem Ende des deutschen Kaiserreichs entstanden sind. Die nun berufstätigen, in den meisten Fällen unverheirateten Frauen brauchen eine auch mit niedrigen Gehältern erschwingliche Bleibe – es gibt Anfang der 1920er-Jahre aber so gut wie keine kleinen Wohnungen.

Große Behörden wie die Post fühlen sich verpflichtet, die Situation zumindest für ihre eigenen Mitarbeitenden zu verbessern und vor allem den vielen, aufgrund ihres Status zur Ehelosigkeit gezwungenen Postbeamtinnen kleine, effizient geschnittene Wohnungen zur Verfügung zu stellen. 1928/1929 entsteht an der Arnulfstraße eine umfangreiche Versuchssiedlung des Bayerischen Post- und Telegrafenverbandes, in der verschiedene Haus- und Dachformen, Wohnungszuschnitte, Kücheneinrichtungen und Heizsysteme erprobt und durch umfassende Befragungen der ersten Bewohner auch evaluiert werden. Hanna Löv ist in die Planungen entscheidend mit eingebunden. Sie zeichnet zwar auch für die Möblierung eines Teils dieser Wohnungen verantwortlich, wird aber, anders als andere weibliche Architekten dieser Zeit, keineswegs auf Gestaltungsaufgaben rund um Innenarchitektur und Küche reduziert.

Unabhängig von ihrer Tätigkeit in der Oberpostdirektion beteiligt sie sich 1928 an der Ausschreibung zu einem weiteren Wohnungsbauprojekt in München: der fast 1200 Wohnungen umfassenden Stockwerksiedlung der Gemeinnützigen Wohnungsfürsorge rund um den Obergiesinger Walchenseeplatz. Die besondere Herausforderung liegt hier, neben der Berücksichtigung sämtlicher Kriterien des »Neuen Bauens«, auch in einer besonderen bautechnischen Effizienz. Achthundert der geplanten Wohnungen sollen bereits zwei Jahre später bezugsfertig sein. Hanna Löws Konzept umfasst den Verkehr abschirmende, vierstöckige Blöcke entlang der Straßen, eingestreute einstöckige Laden- und Werkstattgebäude, begrünte, großzügige Innenhöfe und darin eingebettet weitere Wohnblöcke in der für die Durchlüftung besonders vorteilhaft angesehenen Nord-Süd-Ausrichtung. Es gewinnt den ersten Preis und wird in Zusammenarbeit mit einem freien Architekten vollständig realisiert.

Trotz solcher größeren Einzelaufträge macht sich Hanna Löv nicht selbstständig, sondern bleibt staatliche Angestellte; die von ihr angestrebte Verbeamtung jedoch erfolgt nie. Immerhin schafft sie es, ihren Posten zu behalten, als ab 1930 und verstärkt nach der Machtübernahme durch die Nationalsozialisten Frauen systematisch aus der Berufstätigkeit gedrängt werden. Im Bereich des Bauwesens gelingt dieser Kahlschlag fast vollständig: Unter den rund 1000 während der NS-Zeit in Deutschland tätigen Architekten sind gerade einmal fünf Frauen.

Architektin für das kriegszerstörte München

Eine berufliche Aufstiegsperspektive allerdings bietet sich Hanna Löv nicht. Erst nach Ausbruch des Zweiten Weltkriegs, als viele männliche Kollegen an der Front sind, kann sie für einen Karrieresprung ans Reichsbahnbauamt wechseln und steht nun einer Abteilung mit mehreren Mitarbeitern vor. Wohl auch im Hinblick auf ihre berufliche Situation ist Hanna Löv bereits ab 1933 Mitglied in diversen nationalsozialistischen Organisationen geworden, ohne dort allerdings besondere Ämter zu übernehmen.

In ihrer neuen Funktion gestaltet sie auch Briefmarken und Poststempel sowie Spruchfahnen für Propagandazwecke an Fassaden. Und als sie im Rahmen ihrer Tätigkeit am Reichsbahnbauamt ein Tarnkonzept für diverse Bahneinrichtungen zum Schutz vor Luftangriffen entwickeln muss, bezieht sie in die Ausführungsplanung auch den Einsatz von Kriegsgefangenen und KZ-Häftlingen mit ein.

Ein weiterreichendes politisches Engagement während der NS-Zeit allerdings ist weder ihrem Nachlass noch anderweitig zu entnehmen; im Rahmen des Entnazifizierungsverfahrens wird sie zu einer Geldstrafe verurteilt und kann 1946 ihre Tätigkeit als Architektin wieder aufnehmen.

Zu ihrer alten Anstellung bei der Reichsbahn kann sie jedoch nicht zurückkehren; dort herrscht Einstellungssperre, und wenn überhaupt ein Posten frei wird, werden Männer bevorzugt. Für gute Architekt*innen aber gibt es im zu 50 Prozent kriegszerstörten München mehr als genug zu tun. Hanna Löv arbeitet freiberuflich, plant für größere Architekturbüros diverse neue, sich in das bestehende Stadtbild einfügende Wohnhäuser und wird schließlich von Robert Vorhoelzer in das von ihm geleitete

Baukommissariat für den Neubau bzw. Instandsetzungsbau der Technischen Hochschule München geholt. Gründe dafür sind sicher die Sympathie, die Vorhoelzer für Hanna Löv hegt, vor allem aber die Tatsache, dass sich Hanna Löv als ungeheuer belastbar, umsichtig und eigenständig bewährt hat. Er gliedert sie deshalb auch nicht in das große Planungsteam ein, das den Wiederaufbau des Hauptgebäudes betreut, sondern überträgt ihr den Aufbau eines Teams und die Ausarbeitung eines Konzepts für den Wettbewerb zum Neubau der Chemischen Institute. Löv tritt bei dieser Ausschreibung gemeinsam mit ihrem Kollegen Albin Steininger gegen so renommierte Kollegen wie Alexander von Branca, Egon Eiermann oder Sep Ruf an – und gewinnt den ersten Platz. Der 1952 erbaute Gebäudekomplex ist bis zum Umzug der Fakultät in den Münchner Norden 1999 in Betrieb und wird 2004 gegen den lautstarken Protest des Bezirksausschusses abgerissen, um eine Luxuswohnanlage zu errichten. Hanna Lövs Wohnsiedlung am Walchenseeplatz ist bis heute in ihrer ursprünglichen Form erhalten und fungiert als ruhige Oase im Großstadtgetriebe.

Über das Privatleben des ersten weiblichen Regierungsbaumeisters Bayerns ist so gut wie nichts bekannt. Wie viele ihrer Zeitgenossinnen mit beruflichen Ambitionen war sie weder verheiratet noch hatte sie Kinder. Beides hätte aufgrund der entrechtenden Gesetzeslage für verheiratete Frauen – die bis in die 1970er-Jahre Gültigkeit hatte – ein nahezu unüberwindliches Karrierehindernis dargestellt.

Ihren Nachlass mit unzähligen Dokumenten und Planungsskizzen vermachte Hanna Löv dem Architekturmuseum München. Dort lagert nun ihr Werk – wieder einmal als nahezu einzig weibliches neben dem vieler Männer.

Altmann, Laura Ingiani: Regierungsbaumeisterin in Deutschland: Die Architektin Hanna Löv (1901–1995). Basel, 2021

Aretz, Gertrude: Die elegante Frau. Eine Sittenschilderung vom Rokoko bis zur Gegenwart. Leipzig, 1929 (Projekt Gutenberg)

Balk, Claudia: Theatergöttinnen – Inszenierte Weiblichkeit. Berlin, 1994

Bast, Eva-Maria/ Möller, Ute/ Roennefahrt, Silke: Nürnberger Frauen – Historische Lebensbilder aus der Noris. Überlingen, 2020

Behr, Shulamith: The dynamics of gendered artistic identity and creativity in Der Blaue Reiter. In: Price, Dorothy (Hrsg.), German Expressionism. »Der Blaue Reiter« and its legacies. Manchester, 2020

Beutin, Wolfgang: Zur Geschichte der Frau und der Frauenbewegung mit Schwerpunkt auf Deutschland und Österreich. In: Heidi Beutin u.a. (Hrsg.): Die Frau greift in die Politik. Schriftstellerinnen in Opposition, Revolution und Widerstand. Frankfurt, 2010

Bland, Caroline/ Müller-Adams, Elisa: Weibliche Beteiligung an der literarischen Öffentlichkeit des langen 19. Jahrhunderts. In: Bland/Müller-Adams (Hrsg.): Frauen in der literarischen Öffentlichkeit 1780–1918. Bielefeld, 2007

Bleeker, Johanna, Schleiermacher, Sabine: Ärztinnen aus dem Kaiserreich. Weinheim, 2000

Briatte, Anne-Laure: Literaturübersetzerinnen im deutschen literarischen Feld um 1900. In: Caroline Bland, Müller-Adams Elisa (Hrsg.): Frauen in der literarischen Öffentlichkeit 1780–1918. Bielefeld, 2007

Bruns, Brigitte/ Maier-Schoen, Petra: Erna Morena. München, 2005

Burgmer, Wolfgang: SR 2 ZeitZeichen: Der Todestag der Mathematikerin Emmy Noether. Gesendet am 14.4.2020

Deseyve, Yvette: Der Künstlerinnen-Verein München e.V. und seine Damen-Akademie. München, 2005

Dimpfl, Monika: »Dichteleien«: Kathi Kobus und ihre Kneipen. Manuskript zur Sendung »Bayern, Land und Leute« am Montag, 1. Mai 2003, Bayern 2 Radio

Ekkelenkamp, Mariëlle: Positioning Gabriele Münter: a woman artist in der Blaue Reiter. In: Katholieke Universiteit Nijmegen (Hrsg.), Desipientia, Jhrg. 27, Nr. 1 (2020), S. 32–37

Feldmann, Christian: Emmy Noether: Mutter der modernen Algebra. Sonntagsblatt, 360 Grad Evangelisch, www.sonntagsblatt.de

Fries, Eva: Zwischen Nürnberg und New York. Das Leben der Julie Meyer-Frank (1897–1970). Faltblatt zur Ausstellung des Stadtarchivs Nürnberg, 17.4.–4.7.2014

Fuchs, Margot: Wie die Väter, so die Töchter. Frauenstudium an der Technischen Hochschule München, 1899–1970. München, 1994

Göricke, Jutta: Das Luitpold. Münchner Kaffeehaus-Tradition seit 1888. München, 2012

Haberland, Marta: Thereses Töchter. Die Augstinerbräu-Gründerdynastie Wagner. München, 2021

Hermanns, Doris: Meerkatzen, Meißel und das Mädchen Manuela. Die Schriftstellerin und Tierbildhauerin Christa Winsloe. Berlin, 2012

Hörner, Unda: 1929 – Frauen im Jahr Babylon. Berlin, 2020

Jansen, Isabelle (Hrsg.): Gabriele Münter, 1877–1962: Malen ohne Umschweife. München, 2017

Jatho, Gabriele/ Rother, Rainer (Hrsg.): City Girls: Frauenbilder im Stummfilm. Berlin, 2007

Käppner, Joachim/ Parstorfer, Theresa: Die Macht der Frauen – Erste deutsche Parlamentarierinnen. Süddeutsche Zeitung, 7. März 2019

Karl, Michaela: Bayerische Amazonen. München, 2008

Kinnebrock, Susanne: Schreiben für die politische Öffentlichkeit? Frauen im Journalismus um 1900. In: Caroline Bland/ Müller-Adams Elisa (Hrsg.): Frauen in der literarischen Öffentlichkeit 1780–1918. Bielefeld, 2007

Klessinger, Hanna: Die Diva wird tragische Heldin. Schauspielerinnenstücke der Jahrhundertwende». In: Interférences littéraires/Literaire interferenties 22, Leuven, 2018, S. 117–130

Krauss, Marita: Die königlich bayerischen Hoflieferanten. München, 2008

Kubitza, Michael: Das Bier, das Leuchten und der Grant. Münchner Alltagsleben um 1900. München, 2019

Lehninger, Anna / Schmutz, Hemma: Ida Maly. Zwischen den Stilen. Linz, 2021

Lund, Hannah Lotte: Gar nicht »zu fein für den Pressbengel«. Salonièren als Autorinnen. In: Caroline Bland/ Müller-Adams Elisa (Hrsg.): Frauen in der literarischen Öffentlichkeit 1780–1918. Bielefeld, 2007

Maasberg, Ute/ Prinz, Regina: Die Neuen Kommen! Weibliche Avantgarde in der Architektur der zwanziger Jahre. Hamburg, 2004

Meidinger-Geise, Inge (Hrsg.): Frauengestalten in Franken. Würzburg, 1985

Mundorff, Angelika/ Klink, Barbara (Hrsg.): Frau darf … 100 Jahre Künstlerinnen an der Akademie. Katalog zu einer Ausstellung des Museums Fürstenfeldbruck, 2020

Neri-Ultsch, Daniela: Aufbruch der Frauen in die Politik. Die ersten Frauen im Bayerischen Landtag 1918–1933. München, 2019

Pese, Claus: Else Oppler (1875 – 1965) – Stationen eines facettenreichen Künstlerlebens. Manuskript zu einem Vortrag, gehalten am 8.1.2019 in Nürnberg

Richardsen, Ingvild: Die Fraueninsel: Auf den Spuren der vergessenen Künstlerinnen von Frauenchiemsee. München, 2017

Richardsen, Ingvild: Evas Töchter: Münchner Schriftstellerinnen und die moderne Frauenbewegung 1894–1933. München, 2018

Richardsen, Ingvild: Frei und gleich und würdig. Die Frauenbewegung und der Erste Bayerische Frauentag 1899. München, 2019

Richardsen, Ingvild: Leidenschaftliche Herzen, feurige Seelen. Wie Frauen die Welt veränderten. Frankfurt, 2019

Riedl-Valder, Christine: Caféhäuser in München. Geschichte(n) aus drei Jahrhunderten. Regensburg, 2018

Ritter, Judith: Die Münchner Schriftstellerin Carry Brachvogel. Literatin, Salondame, Frauenrechtlerin. Berlin, 2016

Schmidt-Thomé, Adelheid: Sozial bis radikal: Politische Münchnerinnen im Porträt. München, 2018

Syré, Christiane: Kleiderwechsel zwischen Kaiserreich und Weimarer Republik, Version 1.0, in: frauen/ruhr/geschichte, 03.03.2019, https://www.frauenruhrgeschichte.de/frg_wiss_texte/kleiderwechsel-zwischen-kaiserreich-und-weimarer-republik/

Teibler, Claudia: Münchnerinnen, die lesen, sind gefährlich. München, 2010

Wieber, Sabine: Jugendstil Women and the Making of Modern Design. London, 2022

Wörmann-Adam, Claudia: Unangepasst und widerständig: Erika Mann. In: Heidi Beutin u.a. (Hrsg.): Die Frau greift in die Politik. Schriftstellerinnen in Opposition, Revolution und Widerstand. Frankfurt, 2010

Ziegler Frank/ Rempe, Gereon: Klara Oppenheimer. Würzburg, 2017